艺术大师

歌德

欧洲文坛的耀眼巨星

Ouzhou Wentan De Yaoyan Juxing

庄　浪◎编著

南京出版传媒集团

南京出版社

图书在版编目（CIP）数据

歌德 : 欧洲文坛的耀眼巨星 / 庄浪编著. -- 南京
: 南京出版社
（艺术大师）
ISBN 978-7-80718-936-7

Ⅰ. ①歌… Ⅱ. ①庄… Ⅲ. ①歌德，J.W.V.（1749～
1832）－传记－青年读物②歌德，
J.W.V.（1749～1832）－传记－少年读物 Ⅳ.
①K835.165.6-49

中国版本图书馆CIP数据核字(2012)第064067号

丛 书 名：艺术大师
书　　名：歌德——欧洲文坛的耀眼巨星
作　　者：庄浪　编著
出版发行：南京出版传媒集团
南京出版社
社址：南京市老虎桥18-1号　　邮编：210018
网址：http://www.njcbs.com　　电子信箱：njcbs1988@163.com
淘宝网店：http://njpress.taobao.com
联系电话：025-83283871、83283864（营销）　025-83283883（编务）

出 版 人：朱同芳
总 策 划：刘成林
责任编辑：李庆杨　沈丽国
装帧设计：陈淑芳
责任印制：杨福彬

印　　刷：三河市南阳印刷有限公司
开　　本：787毫米×1092毫米　1/16
印　　张：10
字　　数：78 千
版　　次：2013 年 5 月第 1 版
印　　次：2013 年 5 月第 1 次印刷
书　　号：ISBN 978-7-80718-936-7
定　　价：24.80 元

营销分类：少儿 教育

目 录

1.歌德的童年

歌德出生于德国美因河畔的法兰克福，他的外祖父是该市市长。他从小受到了良好的家庭教育，但又不满父亲的管制，常常令父亲很恼火……

1749年8月28日这一天的正午时分，德国美因河畔法兰克福市的市长先生，正不安地在一所木制小楼的长廊里来回踱步。一间门帘遮严的屋子里，不时传出阵阵痛苦的呻吟。

夫人从屋里悄

悄开门出来。市长先生停下脚步，仔细端详着夫人的脸，轻轻地问道：

“怎么样？女儿好吗？”

这时，房内痛苦的呻吟声越来越撕心裂肺。夫人拥抱了他一下，说：

“放心吧，约翰，我们请的是法兰克福市最好的助产医师。女儿和小宝贝都会平安无事的。”

忽然，里边传来一阵慌乱的脚步声，还有助产医师的惊呼：

“快抢救！这孩子怎么会休克？我的天哪！”

市长先生不顾一切冲进屋子，看到助产医师正抱着刚出生的婴儿，不住地用手拍打背部。婴儿脸色

qīng zǐ méi yǒu kū shēng shì zhǎng jǐn zhāng de huí tóu kàn le kàn fū rén tā yě
青紫，没有哭声。市长紧张地回头看了看夫人，她也
shì yì liǎn jiāo jí de shén qíng
是一脸焦急的神情。

wā tū rán yīng ér kū chū le dì yī shēng shēng yīn hěn xiǎngliàng
“哇！”突然婴儿哭出了第一声，声音很响亮。
rén men dùn shí zhuǎn yōu wéi xǐ
人们顿时转忧为喜。

cǐ kè zhèng wǔ diǎn de shí zhōng qiāo xiǎng le
此刻，正午12点的时钟敲响了。

dé guó zuì wěi dà de shī rén yuē hàn wò
德国最伟大的诗人约翰·沃
ěr fū gāng gē dé jiù zhè yàng dàn shēng le
尔夫冈·歌德就这样诞生了。

zhè míng zi qián miàn de yuē hàn wò ěr
这名字前面的“约翰·沃尔
fū gāng jiù shì shí rèn fǎ lán kè fú shì shì zhǎng
夫冈”就是时任法兰克福市市长
de wài zǔ fù de xìng
的外祖父的姓。

gē dé de tóng nián shì xìng fú de tā de
歌德的童年是幸福的。他的
fù qin shì yí gè fù yǒu de cái feng shī de ér
父亲是一个富有的裁缝师的儿
zi shòu guò liáng hǎo de jiào yù céng yóu lì ōu zhōu gè guó qǔ dé le bó shì
子，受过良好的教育，曾游历欧洲各国，取得了博士
xué wèi tā fù qin
学位。他父亲
qǔ le fǎ lán kè fú
娶了法兰克福
shì shì zhǎng de dú shēng
市市长的独生
nǚ wéi qī tā men
女为妻。他们
yí gòng shēng yǒu liù gè
一共生有六个
hái zi dàn zhǐ shèng
孩子，但只剩
xià gē dé hé yí gè
下歌德和一个
mèi mei qí yú sì
妹妹，其余四
gè dōu yāo zhé le
个都夭折了。
yīn cǐ gē dé hé
因此，歌德和
mèi mei bèi fù mǔ shì
妹妹被父母视
wéi zhǎng zhōng bǎo bèi
为掌中宝，被
tā men chēng wéi wáng
他们称为“王

子”和“公主”。

歌德的父亲珍藏许多图书，包括各种语言文字的书籍，还有很多名画。更重要的是父亲对小歌德兄妹俩管教很严，对他们进行严格的家庭教育。当父亲在歌德身上看到神童般的天赋时，更加有“望子成龙”的愿望了。

小歌德天资聪明过人，但对父亲的教育方法很反感。他时常逃到外祖父那儿，自由自在地玩耍。

市长的家就像一座城堡。宽敞的院子被四周错落有致的建筑环护着。院子后边，有一个很大的花园，百花争妍，蜂蝶翩飞。小歌德在花园里畅游，感到自己如“王子”一般逍遥。

在外祖父家玩腻了，小歌德就邀了几个贵族的子弟一起玩耍。有一次，他与伙伴闹翻了。

“有什么了不起的，哼！不就仗着你外祖父是市长吗！”一

个贵族男孩妒忌地说。

小歌德立即傲慢而自负地反击说：

“怎么样？我亲眼见过，我外祖父在市议会中，坐在皇帝的肖像下面，他就比别人座高一级，是我们市里的头号人物。怎么样？哼！”

那个小男孩被歌德说得哑口无言。他急中生智，想起了一件可以使歌德威风扫地的事，说道：

“你还是回头瞧瞧后边吧，回头看看你的祖父，一个小裁缝！”

歌德马上针锋相对地辩道：“我们的市民是平等的，我并不以为耻！”

那个小男孩一时语塞，另一个大一点的一脸恶气的男孩，把小男孩拉到一边，两人嘀嘀咕咕地说了些什么，然后

pāi shǒu kuáng xiào qǐ lái xiào shēng zhōng chōng mǎn le cháo nòng
拍手狂笑起来，笑声中充满了嘲弄。

xiǎo gē dé de zì zūn xīn shòu dào le shāng hài tā qì fèn de dà shēng shuō
小歌德的自尊心受到了伤害，他气愤地大声说：

nǐ men liǎng gè bié nà me guǐ guǐ suì suì yǒu dǎn liàng bǎ huà jiǎng chū lái
“你们两个别那么鬼鬼祟祟，有胆量把话讲出来，
yǎo ěr duo suàn shén me nán zǐ hàn
咬耳朵算什么男子汉？”

jiǎng jiù jiǎng nà ge guì zú xiǎo nán hái kàn le kàn nà ge è yì de dà
“讲就讲。”那个贵族小男孩看了看那个恶意的大
nán hái
男孩。

dà nán hái chòng guì zú xiǎo nán hái yì shuǎi tóu shuō
大男孩冲贵族小男孩一甩头，说：

tā jì rán xiǎng zhī dào nǐ jiù shuō gěi tā tīng
“他既然想知道，你就说给他听。”

nà ge guì zú xiǎo nán hái shuō tā shuō nǐ jiù shì tà pò tiě xié yě zhǎo
那个贵族小男孩说：“他说，你就是踏破铁鞋也找
bú dào nǐ zhè yàng de hǎo zǔ fù
不到你这样的好祖父。”

bú duì nǐ men jiǎng de bú huì shì zhè jù huà nǐ men bù gǎn míng
“不对！你们讲的不会是这句话！你们不敢明

言，算什么君子？你们是小人！”歌德气愤地说。

“好，那你就听着，”那个一脸恶气的大男孩不屑地说：“你父亲是个贵族的私生子，是你那祖父收养了他，你家的财产全是你祖母的。你真正的祖父不是小裁缝。你听明白了吧？哈哈……”说着，他们两人扬长而去。

小歌德王子般高傲的自尊心被重重地伤害了。他怔怔地站在那儿，看着他们远去。

小歌德幼小的心灵，被耻辱感撞击着。他独自一人跑到美因河桥上，发呆地看着桥下流动的河水……

回到家，坏男孩的话总纠缠着小歌德。他端详着祖母，觉得她年轻时一定很迷人。他

liū jìn zǔ mǔ de fáng jiān tōu tōu dǎ kāi le tā de shǒu shì hé fā xiàn le yí gè
溜进祖母的房间，偷偷打开了她的首饰盒，发现了一个
jīng měi de xiǎo jiā zi qīng qing dǎ kāi jiā zi tā kàn dào yì zhāng yīng jùn de
精美的小夹子，轻轻打开夹子，他看到一张英俊的，
chuān zhe zhuì yǒu xūn zhāng zhì fú de nán rén huà xiàng xiǎo gē dé zǐ xì de kàn zhe huà
穿着缀有勋章制服的男人画像。小歌德仔细地看着画
xiàng shang de rén zhǎng de fēi cháng xiàng fù qin bù jiǔ zhè zhāng xiǎo huà xiàng suí
像上的人，长得非常像父亲。不久，这张小画像随
zhe zǔ mǔ de qù shì xiāo shī le
着祖母的去世消失了。

zǔ mǔ sǐ shí xiǎo gē dé kū de hěn shāng xīn tā yòu pǎo dào měi yīn hé
祖母死时，小歌德哭得很伤心。他又跑到美因河
biān lèi shuǐ lián lián de duì zhe měi yīn hé wèn
边，泪水涟涟地对着美因河问：

měi yīn hé nǐ néng gào sù wǒ è nán hái de huà shì zhēn de ma
“美因河，你能告诉我恶男孩的话是真的吗？”

tā yòu pǎo dào shì yì huì huì táng zǒu jìn kuān chang de huì yì tīng huì yì
他又跑到市议会会堂，走进宽敞的会议厅。会议
tīng de qiáng shang xiě yǒu liǎng jù huà
厅的墙上写有两句话：

yì rén zhī yán fēi rén zhī yán
“一人之言非人之言，

gōngpíng xū tīng shuāngfāng zhī yán
公平须听双方之言。”

xiǎo gē dé shī shén de zǒu chū jiào táng yí gè rén zuò zài yě wài huí wèi zhe
小歌德失神地走出教堂，一个人坐在野外，回味着
zhè liǎng jù huà xīn xiǎng è nán hái de huà zhǐ shì yì rén zhī yán yú shì xīn
这两句话，心想，恶男孩的话只是一人之言。于是心
li ān níng le xǔ duō kě zǔ mǔ qù shì le dào nǎ er qù tīng shuāngfāng zhī yán
里安宁了许多。可祖母去世了，到哪儿去听双方之言
ne
呢？

huí dào jiā li tā shòu dào le fù qin yán lì de xùn chì
回到家里，他受到了父亲严厉的训斥：

gē dé nǐ zěn me dào chù xián guàng nǐ yǒu zhe guò rén de lǐng wù lì hé
“歌德！你怎么到处闲逛？你有着过人的领悟力和
jì yì lì nǐ yǒu shén tóng de tè zhēng nǐ yào zhēn shì zì jǐ de tiān zī nǔ lì
记忆力，你有神童的特征！你要珍视自己的天资，努力
chéng wéi bó shì
成为博士！”

xiǎo gē dé zài fù qin de zhǐ diǎn xià yì diǎn jí huì tā zhǐ yòng le sì gè
小歌德在父亲的指点下，一点即会，他只用了四个
xīng qī jiù zhǎng wò le yīng yǔ de chū jí kè chéng tā hái xué xí le jiù yuē quán
星期就掌握了英语的初级课程，他还学习了《旧约全
shū de yuán wén fù qin hái jiāo tā dàn jiù shì dà gāng qín yòu jiāo tā jī jiàn
书》的原文。父亲还教他弹旧式大钢琴，又教他击剑、

骑马，并教他怎样写诗。

有一阵子，父亲忙于改建家里的住房，对歌德管得松了些。小歌德就从外祖父那里要了戏院的免费票，每天跑去看戏。回来后他就自己动手制作精巧的小房子和布景，还在一个男佣人帮助下，办了几件演戏的行头，他带着妹妹和几个伙伴学起了演戏。

一个冬天的傍晚，小歌德和妹妹躲在房间的一角，读着一本戏剧书，书名叫《波堤亚之梦》。兄妹俩年龄只差一岁，长得好似一对双胞胎。

小歌德对妹妹说：

“我们俩分别扮演魔王撒旦和女主角阿德拉美勒，怎么样？”

“太好了！”妹妹拍手赞同。

“好！我来演坠入死海的撒旦，他的语调暴烈、粗野。你来演女主角，语调

shì jué wàng bēi cǎn de tīng dǒng le ma xiǎo
是绝望、悲惨的。听懂了吗？”小
gē dé xiàng jù chǎng dǎo yǎn shì de duì mèi mei shuō
歌德像剧场导演似的对妹妹说，
hǎo kāi shǐ
“好！开始！”

mèi mei kāi shǐ lǎng sòng le
妹妹开始朗诵了：

jiù wǒ ya qiú nǐ wǒ qí dǎo jiǎ
“救我呀！求你，我祈祷，假
rú nǐ yào zhè yàng de huà guài wu wǒ qiú nǐ
如你要这样的话。怪物！我求你！
duò luò de pǐ zi xiǎn è de zuì rén
堕落的痞子，险恶的罪人……”

这时，兄妹俩听到了父亲的说话声，立即停了下来。

父亲带着理发师走了进来，他要在灯下刮胡子。他们都没有看见角落里的小歌德和妹妹。歌德的父亲坐下了。理发师左手端着肥皂水，右手捏着一把刷子，开始给歌德的父亲往胡子上刷肥皂水……

小歌德的妹妹突然在屋角用尖厉、恐怖的音调朗诵起来：

“啊！我怎样五脏崩裂！”

理发师被这突然爆发出的声音吓得呆若木鸡，他将肥皂水刷在了歌德父亲的脸颊上和眼睛里！

歌德的父亲勃然大怒：

“歌德！你！你们这两个不懂事的家伙！给我出去！”

xiōng mèi liǎ liū dào mén kǒu fù qin yòu hǎn zhù le tā men
兄妹俩溜到门口，父亲又喊住了他们：
nǐ liǎ gěi wǒ huí lái
“你俩给我回来！”
xiǎo gē dé hé mèi mei guāi guāi de zhàn zài le fù qin miàn qián
小歌德和妹妹乖乖地站在了父亲面前。
gē dé nǐ shì gē ge nǐ de yì yán yì xíng duì nǐ mèi mei yǐng xiǎng hěn
“歌德，你是哥哥，你的一言一行对你妹妹影响很
dà nǐ jīn hòu bù xǔ zài kàn xì gèng bù xǔ zài jiā li yǎn xì tīng jiàn le méi
大。你今后不许再看戏，更不许在家里演戏，听见了没
yǒu
有？”
xiǎo gē dé hé mèi mei zǒu le chū qù yì chū dà mén liǎng rén huì xīn de hù
小歌德和妹妹走了出去。一出大门，两人会心地互
xiāng kàn le yì yǎn rěn bú zhù dōu xiào le qǐ lái yòu pà fù qin tīng jiàn jiù pǎo
相看了一眼，忍不住都笑了起来，又怕父亲听见，就跑
dào hěn yuǎn de dì fang xiào le gè gòu
到很远的地方笑了个够。

2. 少年初恋

少年歌德与酒店老板的女儿格丽琴发生了恋情，但不慎牵涉进一桩麻烦的事情中，遭到父母的训斥……

某日清晨，歌德刚刚十分困倦地躺下，就被一阵急促的敲门声惊醒。原来是妈妈在门外。妈妈带着既爱怜又责备的口气说着：

“歌德，你昨晚上哪儿去了？整个晚上我都快急死了！快开门，儿子。妈妈虽然知道你很累，可你父亲在客厅等你，他有话问你。”

歌德连忙起床，给母亲开门。看着母亲泪水涟涟的样子，歌德

心里一阵内疚。他想起昨天晚上的事，不禁惭愧地低下了头。

母亲疑惑而又爱怜地看着儿子，说道：

“是我做母亲的没有尽到责任。总觉得你父亲对你们兄妹俩太严厉，我就事事包庇你们。谁知溺爱反倒害了你……你老实讲，昨晚你做了些什么？”

“妈妈，昨晚我只是与朋友一起喝多了酒，后来呕吐了，未能回家。”歌德回答说。

“你有没有跟一些不三不四的男女厮混在一起？你……竟然滑到了犯罪的边缘！真让我心痛。”母亲伤心地质问。

“妈妈！”歌德急忙辩解说，“您怎么这样想？儿子没有犯罪。我只是擅自在外面过夜而已，我知错了。”

“你总是觉得在家里受了约束。你去年瞒着我和你父亲跑出去，周游了法兰克福，你只说是了解该地的寺院教堂和古迹。谁知你一回来，却央求我们让你和一个帽店的女工订婚！真让我们大吃一惊。歌德，你去年才14岁呀！”母亲说。

“妈妈！您别说了！我对她的感情是纯真无瑕的！自从那件事以后，我的内心里就留下了一道伤痕。”早熟的歌德对母亲痛苦地说。

“可你又利用我对你的溺爱，私自偷配钥匙。你现在整天跟那个饭店老板的女儿格丽琴混在一起！儿子，我们家不能娶门不当户不对的女子，你是有教养家庭的孩子，怎能跟这些

pǔ tōng nǚ zǐ jié hūn ne mǔ qin jì xù zé wèn dào
普通女子结婚呢？”母亲继续责问道。

mā ma wǒ bù míng bai wèi shén me bù néng qǔ yí gè wǒ ài de pǔ tōng
“妈妈！我不明白，为什么不能娶一个我爱的普通

nǚ zǐ wéi qī ne gē dé zhí niù de wèn
女子为妻呢？”歌德执拗地问。

nǐ bié wèn le nǐ zhēn ràng wǒ shāng xīn mǔ qin de lèi shuǐ yòu
“你别问了！你真让我伤心。”母亲的泪水又

lái le nǐ fù qin jiào nǐ qù tā nà li zài tā miàn qián nǐ yào hǎo hāo rèn
来了，“你父亲叫你去他那里，在他面前你要好好认

cuò rú shí jiǎng chū nǐ zuì jìn de suǒ zuò suǒ wéi wǒ zhēn méi xiǎng dào nǐ cóng
错，如实讲出你最近的所作所为。我真没想到，你从

xiǎo jiē shòu de shì liáng hǎo de jiā tíng jiào yù què huì gēn nà huǒ huài rén zǒu shàng xié
小接受的是良好的家庭教育，却会跟那伙坏人走上邪

lù
路……”

gē dé zhè xià yòu bèi mǔ qin de huà cì tòng le tā jué jiàng de fǎn wèn dào
歌德这下又被母亲的话刺痛了，他倔强地反问道：

mā ma nín wèi shén me sān fān wǔ cì de shuō wǒ gēn huài rén hùn zài yì
“妈妈！您为什么三番五次地说我跟坏人混在一

qǐ ér zi méi yǒu zuò guò fàn zuì de shì nín bù yīng gāi yuānwang wǒ
起？儿子没有做过犯罪的事，您不应该冤枉我！”

nǐ hái yào shuō huǎng ma mǔ qin shēng qì de shuō
“你还要说谎吗？”母亲生气地说，

wǒ lái wèn nǐ nǐ yǒu méi yǒu bǎ nǐ de péng you tuī jiàn gěi nǐ
“我来问你，你有没有把你的朋友推荐给你

外祖父为他找一份工作？可你知道他是怎样的一个人吗？”

“你说的是皮拉多斯的朋友？我……我不太了解他。”歌德支吾着说，他觉得事情有些严重了。

“此人假冒别人笔迹，伪造遗嘱、借据和情书，干了很多恶劣的事。歌德，你会写诗，别人就吹捧你，你也就忘乎所以。你说，你曾代人写过情书之类

de dōng xi nǐ yǒu méi yǒu wěi zào guò bié ren
的东西，你有没有伪造过别人
de bǐ jì mǔ qin zé wèn dào
的笔迹？”母亲责问道。

gē dé zài mǔ qin miàn qián guì xià le
歌德在母亲面前跪下了。
tā wěi qu de shuō
他委屈地说：

mā ma ér zi jué méi yǒu zuò nà
“妈妈，儿子绝没有做那
shāng tiān hài lǐ zhī shì ér zi xiě shī zài rén qián mài nong shì yǒu de dàn nà wéi
伤天害理之事。儿子写诗在人前卖弄是有的，但那违
xīn bèi lǐ zhī shì wǒ cóng wèi zuò guò mā ma nín nán dào bù xiāng xìn zì jǐ de
心悖理之事我从未做过。妈妈，您难道不相信自己的
ér zi ma
儿子吗？”

mā ma dāng rán xiāng xìn nǐ shì qīng bái de kě nǐ bèi qiān lián jìn qù
“妈妈当然相信你是清白的。可你被牵连进去
le hái yǐng xiǎng dào nǐ de wài zǔ fù mǔ qin yòu lián yòu nǎo de shuō
了，还影响到你的外祖父。”母亲又怜又恼地说。

gē dé yì tīng zhè huà lì kè zhàn qǐ lái shuō
歌德一听这话，立刻站起来说：

wǒ mǎ shàng qù wài zǔ fù nà er xiàng tā dào qiàn bìng bǎ shì qing gěi shuō
“我马上去外祖父那儿向他道歉，并把事情给说
qīng chu
清楚。”

wài zǔ fù nà er wǒ huì qù shuō xiàn zài nǐ fù qin zài děng zhe nǐ nǐ
“外祖父那儿我会去说，现在你父亲在等着你，你
gǎn jǐn qù tā nà er bǎ shì qing shuō qīng chu
赶紧去他那儿把事情说清楚。”

kè tīng li fù qin yì liǎn nù qì de zuò zhe gē dé hé mǔ qin dào le tā
客厅里，父亲一脸怒气地坐着。歌德和母亲到了他
miàn qián gē dé kàn dào mǔ qin yě xiàng fàn cuò de hái zi yí yàng zhàn zhe xīn xiǎng
面前，歌德看到母亲也像犯错的孩子一样站着，心想
shì zì jǐ lián lěi le mǔ qin gèng jué de cán kuì nán dāng le
是自己连累了母亲，更觉得惭愧难当了。

gē dé de mǔ qin xiǎo shēng de duì gē dé de fù qin shuō
歌德的母亲小声地对歌德的父亲说：

wǒ men de hái zi dōu shòu guò liáng hǎo de jiào yù bú huì zuò chū mò yǒu jiào
“我们的孩子都受过良好的教育，不会做出没有教
yǎng de shì lái nǐ kě qiān wàn bié nán wei ér zi
养的事来，你可千万别难为儿子。”

yí yè wèi guī tōu pèi yào shi dōu suàn shì yǒu jiào yǎng ma dào le zhè
“一夜未归、偷配钥匙，都算是有教养吗？到了这
ge shí hou nǐ jìng hái tǎn hù zhe tā gē dé de fù qin páo xiào rú léi
个时候，你竟还袒护着他！”歌德的父亲咆哮如雷。

gē dé gěi fù qin xià guì le lián máng shuō ér zi cuò le qǐng nín
歌德给父亲下跪了，连忙说：“儿子错了……请您
bié guài zuì mǔ qin tā zhuǎn guò tóu lái duì mǔ qin shuō mā ma qiú nín
别怪罪母亲。”他转过头来对母亲说：“妈妈！求您
chū qù ba nín zài zhè li tì ér zi shòu fá ér zi jiù gèng shòu bù liǎo la
出去吧！您在这里替儿子受罚，儿子就更受不了啦。”

gē dé de mǔ qin shuō
歌德的母亲说：

“好，我这就去你外祖父那儿。”她又转身对歌德的父亲说：

“我们就这么个儿子，你看着办吧！”说完就离家而去。

歌德的父亲看着歌德的母亲离去，口气缓和了一些，他对歌德说：

“你是人人称赞的有教养的孩子，怎能与那些声名狼藉的人厮混在一起？你如实地讲讲你与他们的认识经过——来，坐着说吧。”

歌德吃力地站起来，坐到椅子上。他回忆起了与格

丽琴相识的经过……

那一天，从小就很要好的朋友皮拉多斯，与歌德在林荫路上碰头了。两人刚招呼过，皮拉多斯就对歌德说：

“你的诗还是像从前一样好。你新近送给我看的诗，我曾在几个同伴面前念过，他们没有一个相信那是你写的。”

“随它去吧，”歌德说，“我们作诗是愉悦自己

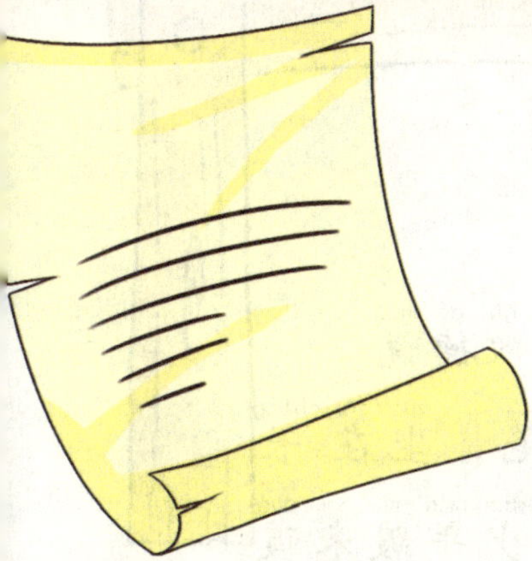

的，别人怎样想怎样讲，任由他吧。”

“瞧！那个不相信你的人恰巧从那边走过来了。”皮拉多斯说。

等那个少年走近，皮拉多斯对他说：“喏，这就是作出那些出色的诗的朋友，你不是不信吗？”

那人惊奇地看着歌德，说：

“我只是随便说说，请不要放在心上。”

歌德一笑置之，随后，皮拉多斯出主意说：

“你随便出个题目，请歌德即席赋诗如何？”

那少年就说：

“请你把自己当做一个含羞的女郎，用诗体给一个

少年写情书，吐露她的爱慕之情。”

“再没有比这个容易的了。”歌德说。

歌德接过那少年递给他的纸笔，坐在长凳上构思了起来。皮拉多斯和那少年踱来踱去，眼睛总望着歌德。

歌德沉吟片刻，就将诗句写好，交给了那个少年，少年吟诵起来，并大为赞叹。离别时，三人相约不久同往乡间一游。

郊游的那天，来了好几位新朋友。大家对歌德写的情诗交口称赞，并且告诉他，那情诗已派上了有趣的用场，那就是，他们假作女孩子的手笔，将它抄下来寄给了一个自负的少年。他们

又透露说，这人信以为真，也只求以诗句来报答对方。但他没有文才，所以，他们恳求歌德连复信也代写。

这天晚上，大家在一家小酒馆聚饮。几个朋友对写诗的事还在不停议论，而歌德对这恶意的作伪已感到厌烦。这时，他发现酒喝光了，便请侍女添酒。但出来的不是侍女，却是一个非常漂亮的女孩子。

“你们要什么？”她亲切地道过晚安，问道，“侍女生病了，已经睡下，让我伺候你们好吗？”原来，她是老板的女儿。

rú guǒ nǐ tì wǒ men ná sān píng jiǔ lái gé lì qín nà jiù tài hǎo le pí lā duō sī shuō

“如果你替我们拿三瓶酒来，格丽琴，那就太好了。”皮拉多斯说。

hǎo de shāo děng gé lì qín dá dào tā cóng zhuō shang ná le jǐ gè kōng píng cōng cōng de zǒu chū mén qù

“好的，稍等。”格丽琴答道，她从桌上拿了几个空瓶匆匆地走出门去。

gē dé dǎ liang zhe tā de bèi yǐng kàn zhe mén wài dōu yǐ qī hēi yí piàn shuō dào

歌德打量着她的背影，看着门外都已漆黑一片，说道：

nǐ men zěn me zài hēi yè li hái dǎ fa yí gè nǚ hái chū mén tài bú xiàng huà le

“你们怎么在黑夜里还打发一个女孩出门？太不像话了！”

péng you men fù zhī yí xiào bù jiǔ gé lì qín huí lai le yuán lái mài jiǔ de jiù zài duì mén

朋友们付之一笑。不久，格丽琴回来了，原来卖酒的就在对门。

“你也跟我们坐下喝一杯吧，格丽琴。”皮拉多斯说。

格丽琴坐下喝了一杯酒，祝大家健康。不一会儿，她离开了桌子，并劝大家不要过于喧闹，因为，隔壁房主的老母亲就要睡了。

格丽琴的姿容，从此就紧随着歌德的思绪，使他辗转不安。

没几天，歌德又去了那家酒店。上次那位收到情诗的少年，陷入了朋友为他设下的圈套，要求歌德给他代写一封情书。歌德答应了。他尽情地设想，假如格丽琴写信给我，我的喜悦会如何如何，于是，他一边想着，一边就在桌子上写起了回信。格丽琴这时坐在窗前纺纱，歌德写完了，那少年要求当面念给他听。

歌德一边念着，又一边用眼睛瞟着美丽的女孩，心中不觉怦怦跳动。

但那个少年发觉信中一些地方不妥，因为这信对格丽琴来说是合适的，但对于少年爱慕的那位女郎不太合适。于是，少年请歌德修改一下，然后，自己先离开了酒店。

歌德写了好几遍，都不满意，就急了，喊道：

“这不行啊！”

“那就更好！”此刻格丽琴用严肃的口气说话了，“我希望它不行，你不该干这种勾当。”她转身向歌德走来，靠近桌边，对他说：

“这种事虽然看起来像一个玩笑，但也不是完全无害的。我已见过好几桩这样的事。好几个青年人因这种恶作剧，被弄得狼狈不堪。”

“可是我应当怎么办呢？”歌德答道，“信已经写了，而且他们相信我会把它修改好。”

“请您相信我吧！”格丽琴说，“不要修改了，请您离开时把它拿回去，设法让您的朋友将这件事弄妥吧。像您这样出身于名门世家的人，有钱而又不用倚靠于人，为什么甘心被人利用，做这种事情呢？”

歌德听了她一连串的话，觉得很高兴，他内心的爱慕也增长起来。

格丽琴这时把歌德的信稿拿到身边，低声念着，亲切而温柔地

说："这的确是好诗，只可惜没有用在更好和真正的用途上。"

"这倒真是值得企求的，"歌德兴奋地说，"一个人如果从他无限爱恋的女郎那儿，得到这样的情诗，该是多么幸福呢！"

"这的确不容易，不过仍有许多可能。"格丽琴说。

"假如有一个敬重您、崇拜您和恋慕您的人，献给您一纸这样的信，您将怎么办呢？"歌德说着，将已交还给他的信递到格丽琴身边。

格丽琴嫣然一笑，沉吟半晌，拿起笔，把名字签在后头。

歌德狂喜地跳起来，正要拥抱她，她说：

"不要吻！这是庸俗的玩意儿，但是爱吧，假如可能的话。"

歌德将那张纸取回，塞在口袋里，说：

“谁也不能得到它。事情已经定了！你挽救了我。”

“现在请您挽救自己吧，”格丽琴高声说道，“赶快走，免得他们回来，使你陷于狼狈和痛苦之中。”

歌德与格丽琴握着手，泪眼汪汪地分别了。

……

歌德一边回忆着，一边给父亲简要地讲着事情的经过，他不好意思说出自己与格丽琴怎样亲密无间，他与她有天晚上还因为讲故事讲到深夜，格丽琴在饭店的桌旁竟睡着了。等歌德醒来，天已大亮，格丽琴站在镜子前，整理她的小头巾……

父亲听完了歌德的话，沉吟片刻，对歌德说：

“除了与朋友郊游、喝酒，你还干了别的什么？”

“没有，请您相信我，我是清白无辜的。”

hǎo zhǐ yào nǐ chéng shí gǎi guò wǒ jiù bú zài jì jiào le zài wài
“好，只要你诚实改过，我就不再计较了。在外
guò yè hé pèi yào shi zhī shì xià bú wèi lì zài fàn jué bù ráo shù nǐ huí wū
过夜和配钥匙之事，下不为例，再犯决不饶恕，你回屋
xiū xi qù ba
休息去吧。”

nà gé lì qín tā
“那……格丽琴她……”

shén me fù qin lì shēng de wèn
“什么？”父亲厉声地问。

gé lì qín shì yí wèi xīn dì shàn liáng de hǎo gū niang nín kě bié wéi nán
“格丽琴是一位心地善良的好姑娘，您可别为难

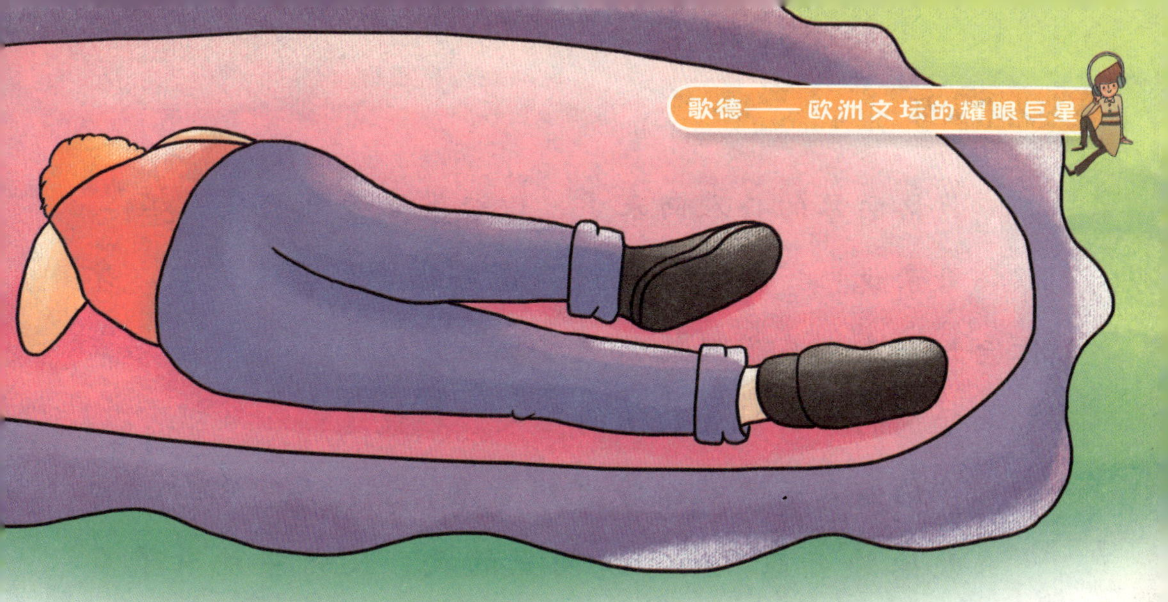

她。”歌德说。

“不懂事的东西！还不快下去！”父亲怒喝道。

歌德的内心沉重极了，他觉得胸口作疼，呼吸困难。他在自己房间的地毯上躺着，泪水浸湿了地毯。歌德为朋友的处境担忧，尤其是想到格丽琴时，不觉内心如火烧一般。他觉得自己病得很重，想喊母亲，但一张口便失去了知觉……

歌德醒来时，发现自己躺在床上，身边坐着父母、外祖父。歌德的泪水又涌了出来，他觉得喉头一股腥味，侧身一咳，竟吐出一口鲜血！大人们顿时慌了，急急忙忙喊来医生。

但医生们对歌德的病束手无策。歌德昏睡中还呼唤着格丽琴的名字。母亲央求歌德的父亲，是否找格丽琴来看望儿子，父亲只好答应了。

zhǎo gé lì qín de pú rén huí lái le dàn bìng méi yǒu dài zhe nǚ hái yì qǐ
找格丽琴的仆人回来了，但并没有带着女孩一起。

mǔ qin shuō tā bù lái yě hǎo yě xǔ ér zi sǐ le zhè tiáo xīn shēn
母亲说：“她不来也好。也许儿子死了这条心，身
tǐ huì hǎo qǐ lái wǒ men zhǐ néng shì shì le
体会好起来，我们只能试试了。”

gē dé de mǔ qin duì zhe gē dé de ěr duo qīng qing shuō dào
歌德的母亲对着歌德的耳朵轻轻说道：

gé lì qín lái le nǐ zhēng kāi yǎn kàn kan
“格丽琴来了，你睁开眼看看。”

gē dé zhēng kāi yǎn huán gù le fáng jiān li de rén yòu shī wàng de kàn le kàn
歌德睁开眼环顾了房间里的人，又失望地看了看
mǔ qin
母亲。

gé lì qín yīn shàng cì de shì yǔ tā fù qin bèi qū zhú chū zhè ge chéng
“格丽琴因上次的事，与她父亲被驱逐出这个城
shì huí xiāng xia qù le wǒ men pài rén dào xiāng xia zhǎo dào tā bǎ nǐ de bìng
市，回乡下去了。我们派人到乡下找到她，把你的病
qíng gào sù le tā mǔ qin shuō
情告诉了她。”母亲说。

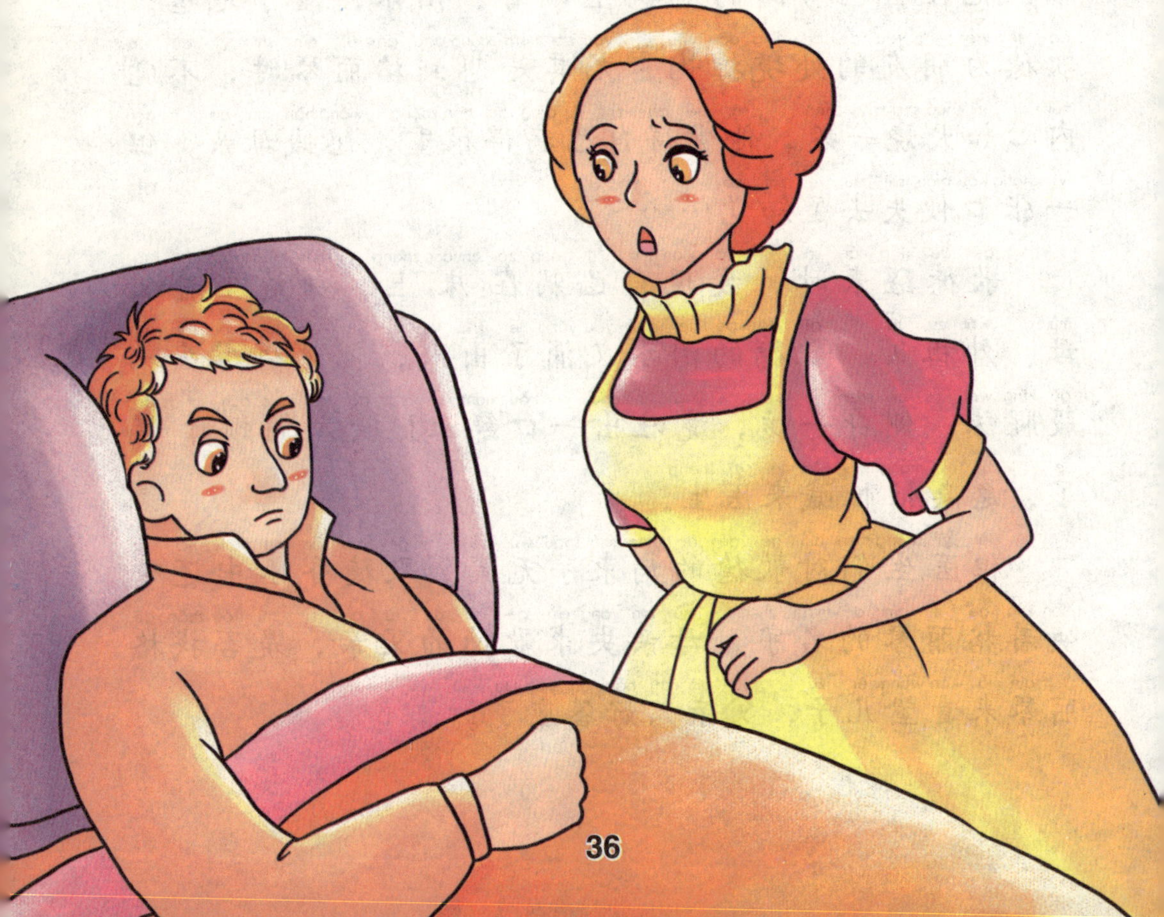

歌德突然一下子坐了起来，盯着母亲问：

“她说了些什么？”

“她说，她很喜欢你。但是，她与你只是姐弟之间的情谊，并没有别的意思。”

“什么？她真的是这么说的吗？”歌德大声地问母亲，母亲郑重地点了点头。

歌德流着泪说：

“我真是世界上的头号大傻瓜！她竟把我的爱看成是一场胡闹，还说我们只是姐弟之情。太可怕了！好，现在一切都结束了，一切都该重新开始了！”

歌德从此就振作起来了。

但是，这少年时的纯真恋情伴随了歌德一辈子，他永远也忘不了。在他的巨著《浮士德》中，浮士德与少女格雷辛的恋爱，就有歌德少年时恋爱故事的影子。

3．“狂飙突进运动”的中坚

歌德偶尔结识了思想家赫尔德，受到他很大影响。他走上文学创作的道路，成为当时“狂飙突进运动”的中坚人物。

18世纪70年代，在腐朽的封建制度的统治下，德意志民族尚处于落后的状态。当时，许多富有理想的杰出人士，为使自己的民族摆脱苦难，做出了不懈的探索。赫尔德就是其中的杰出代表，他是当时“狂飙突进运动”的一员主将。

“狂飙突进运动”，是18世纪70年代初期至80年代中期，在德国掀起的一场思想运动，这个名称来源于当时一部同名戏剧的题目。赫尔德的两部著作《批评之林》和《关于当代德

guó wén xué de duàn piàn duì dé guó de wén xué qīng nián
国文学的断片》，对德国的文学青年
chǎnshēng le zhòng dà yǐng xiǎng
产生了重大影响。

nián de yuè nián jǐn suì de gē dé
1770年的4月，年仅21岁的歌德
lái dào le sī tè lā sī bǎo tā shì fèng fù qin zhī mìng
来到了斯特拉斯堡。他是奉父亲之命
lái zhè ge chéng shì xué xí fǎ lǜ de yīn wèi fù qin
来这个城市学习法律的，因为父亲
xī wàng tā chéng wéi yí gè dà fǎ guān yǒu zhāo yí rì
希望他成为一个大法官，有朝一日
néng míng yáng tiān xià dàn gē dé de tiān xìng gèng xǐ ài shī
能名扬天下。但歌德的天性更喜爱诗
gē xǐ ài wén xué yì shù tā duì kū zào de fǎ lǜ
歌，喜爱文学艺术，他对枯燥的法律
bù gǎn xìng qù
不感兴趣。

zhè yì tiān gē dé zhèng cóng tā yù jū de lǚ guǎn
这一天，歌德正从他寓居的旅馆
zǒu chū lái zhǔn bèi chū qù bài fǎng yí wèi péng you tā
走出来，准备出去拜访一位朋友。他
lái dào dà mén wài zhèng zhǔn bèi zǒu xià tái jiē hū rán bù yuǎn chù zǒu lái de yí gè
来到大门外，正准备走下台阶，忽然不远处走来的一个
rén yǐn qǐ le gē dé de zhù yì
人引起了歌德的注意。

zhè rén chuān zhe yí jiàn jiào shì de hēi sè cháng páo tóu shang de fā juǎn zài hòu
这人穿着一件教士的黑色长袍，头上的发卷在后
nǎo sháo shàng pán qǐ nà zhǒng gāo ào tuō sú piāo yì de
脑勺上盘起，那种高傲、脱俗、飘逸的
fēng dù bù yóu lìng gē dé tíng zhù le jiǎo bù
风度，不由令歌德停住了脚步。

cǐ rén zhuāng shù gǔ guài ér fēng
“此人装束古怪而风
dù jǔ zhǐ bù fán tā yí dìng shì gè dà
度举止不凡，他一定是个大
ren wù gē dé zài xīn li duì zì jǐ
人物。”歌德在心里对自己

说。忽然，他想起了从朋友那儿听来的一则消息，说大思想家赫尔德近日正光临斯特拉斯堡市。

“对了！一定是他！”歌德凭着敏锐的直觉，认定眼前这位人物正是赫尔德。

歌德大喜过望，他迎上前去，向迎面走来的人鞠了一躬，有礼貌地说：

“您一定是大名鼎鼎的思想家赫尔德先生吧！”

那人停下脚步，看了看歌德，上下打量了他一番。显然，他对歌德的言行很有好感。

“你叫什么名字？”此人问道。

“约翰·沃尔夫冈·歌德。”歌德报完自己的名字，内心一阵不安。他想，我的名字报出来

有什么意义？大人物一会儿就把我忘了。接着，歌德鼓起勇气，恳切地说道：

“您能否允许我到您的寓所拜访，亲聆教诲？”

那人从衣袋里掏出一个笔记本，撕下一页，又取出笔，在纸上飞快写了一行字，递给了歌德。

歌德看到一行住址下面，赫然写着赫尔德的名字。他激动不已地说：

“万分感谢您的接纳，我今晚可以去您那儿吗？”

“可以。”赫尔德应允了。

歌德当晚就拜访了赫尔德。赫尔德那高尚的人格、渊博的学识令歌德折服不已。当时，这个年仅26岁的思想家，在哲学、文学、历史、政治、宗教等方面都已具备广博的知识，并已有了引人注目的建树。歌德一次次地拜

访赫尔德，与这位思想家、大诗人一起海阔天空地交流思想和诗艺，交情极为深厚。歌德自己认为，与赫尔德的交往，是他一生中最重要的转折之一。

赫尔德对歌德非常器重，对他的诗才大加赞赏，他同时也勉励歌德在为理想奋斗的途中要百折不挠，这给年轻的歌德以极大鼓舞。

1771年8月，歌德与赫尔德分手后，在斯特拉斯堡取得了法学博士学位，又回到了故乡法兰克福。他一面从事律师工作，一面从事文学创作。在这段时期，歌德的文学创作有了突破性的进展。他在诗歌、戏剧方面都取得了成就。这些作品充满了“狂飙突进运动”的反叛精神。

歌德在家乡时，与几位朋友一起办了一个文学刊物，叫“莎士比亚命名日”。他受赫尔德的影响，对英国戏剧家莎士比亚极其推崇和热爱。在聚会时，歌

dé zǒng shì zài wū zi li lái huí duó
德总是在屋子里来回踱
bù chōng mǎn jī qíng de lǎng sòng zhe
步，充满激情地朗诵着
shā shì bǐ yà xì jù zhōng de zhù míng
莎士比亚戏剧中的著名
duàn luò
段落。

gē dé fǎn duì fēng jiàn zhuān
歌德反对封建专
zhì kě wàng zì yóu de sī xiǎng
制、渴望自由的思想，
yuè lái yuè xiǎn lù chū lái fù qin
越来越显露出来。父亲
duì tā hěn bù mǎn tā běn lái pàn
对他很不满，他本来盼
wàng ér zi chéng wéi dà fǎ guān
望儿子成为大法官，
dàn ér zi xiàn zài zhěng yè wài chū yóu
但儿子现在整夜外出游
dàng huí lái hòu yòu xiě xiē huāng táng de dōng xi fù qin bù zhī dào
荡，回来后又写些荒唐的东西。父亲不知道
gē dé de wén xué zuò pǐn jí jiāng zhèn jīng dé guó wén
歌德的文学作品即将震惊德国文
tán ér qiě hái yào zhèn jīng zhěng gè ōu zhōu tā
坛，而且还要震惊整个欧洲。他
zhǐ shì wú nài de wèi ér zi yáo zhe tóu shí fēn
只是无奈地为儿子摇着头，十分
bú jiě
不解。

zhè shí gē dé
这时，歌德
zài wèi tā de kě wàng
在为他的渴望
zì yóu de sī xiǎng xún
自由的思想寻
zhǎo yí gè yuán xíng
找一个原型、
yí gè rén wù yí
一个人物，一
dàn zhǎo dào le tā
旦找到了，他

将把自己的一腔激情倾泻在这个人物身上。

他对自己说：

“既然我预感到的东西有这么多，既然有这么多东西不时浮现在我眼前，我就可以只说、只写、只去完成美好的东西，我根本不用怀疑这一点！”

有一天，歌德从市立图书馆回来，对他母亲兴奋地说：

“妈妈！我在图书馆找到了一本书，是关于铁手骑士葛兹·冯·伯利欣根的一本传记，我要把它编成一

个剧本！铁手骑士将使这些市侩们睁大眼睛！真光荣啊——这只铁手。”

葛兹是16世纪德国的一个没落骑士，他曾一度参加农民起义。在这位骑士的身上，歌德看到了一种反抗腐朽现实的反叛精神，以及对自由的向往，这触发了歌德内心蕴藏已久的对自由和个性的热烈想象，这种想象力使歌德的精神得到升华。

歌德对妹妹说：

“我的想象力扩展得那么厉害，以致戏剧的形式超越了一切舞台的界限，我将极力使情节栩栩如生。”

歌德不急于动笔，他先把腹中的构思一点一点地讲给妹妹听。他妹妹听得十分入迷，催促哥哥说：

“哥哥，你为什么还不动笔，赶紧把你大脑里的奇思异想固定在纸上吧，免得它们一不留神就跑得无影无踪了呢。”

"你不用着急，妹妹。"歌德胸有成竹地说。

经过缜密的构思，精心的准备，歌德终于动笔了，他只花了6个星期的时间，就完成了《铁手骑士葛兹·冯·伯利欣根》的第一稿。

歌德将稿件寄给赫尔德，请他指点。

赫尔德回信说，他认为歌德受莎士比亚的影响太大，莎士比亚反而害了歌德。也就是说，赫尔德对第一稿不满意。

歌德没有因为老师的批评泄气。他再次思考自己的创作过程，找出剧本中不足的地方，理解了造成不足的原因何在。于是，歌德再次动笔，一气呵成写成了第二稿。

剧本寄给赫尔德和其他文学家后，令他们大为震惊。赫尔德终于为歌德的才华所折服。他高度评价了《铁手骑士葛兹·冯·伯利欣根》，说：

“这个剧本里，存在着德国式的力量和深邃的真理。”

当时的一位诗人毕尔格尔赞扬歌德是“德国的莎士比亚”。

剧本在各地剧院上演，获得了巨大的反响。人们被剧中反封建的英雄人物深深打动，歌德也因此成了人们评论的中心人物。

歌德的“葛兹”成功了，读者的来信如雪片般飞向他的家中。歌德父亲终于理解了儿子，他为儿子的成功激动得热泪盈眶。

歌德在当时以赫尔德为代表的“狂飙突进”思想的影响下，走上了一条文学创作的伟大道路，并成为这场运动的一位中坚人物。

4. 感情的漩涡

歌德爱上了朋友的未婚妻绿蒂，极度痛苦，他求爱遭到拒绝。此时另一位朋友耶路撒冷自杀身亡，触动歌德写出了《少年维特之烦恼》。

歌德的父亲为使儿子成为像样的法学博士，又安排他去最高法院镀金。

但歌德仍不太热心于法律上的事务，他常常在晚饭后，一个人夹起画板、画架，来到郊外作画。他心里总渴望摆脱城市的喧嚣。

这一天，歌德一边聆听云雀和小鸟的鸣唱，一边作了好几幅风景画。他望着那张最为得意的画，意犹未尽。他双手抱

头，仰卧在松软的草地上，静静听着大自然的声音，听着蟋蟀的鸣唱，陷入了沉思。

“喂！朋友，认识一下吧。”

歌德被从身后传来的友好的话语打断了沉思，他起身看到一位面色白皙，一副学者风度的年轻人向他走来。

歌德站了起来，他看到不远处还有一位作画的年轻人，衣着别致，显得英俊、倜傥而又孤傲。

“他叫耶路撒冷，风景画家、哲学家、文学家、幻想家。”身边的年轻人说。

歌德回眸，对着眼前的年轻人微微一笑，说：“我叫歌德。”

“您原来是‘葛兹’！诚实的‘葛兹’！真想不到在这里遇上您！久闻大名！我叫克斯特涅尔，法学博士。”

“我们真是有缘分啊。”歌德兴奋地说道。

接着，两人愉快地交谈起来。

月亮在不知不觉中升起了，耶路撒冷作画的背影吸引了歌德。歌德站起身来，向他走去。在离耶路撒冷两步远的地方，歌德停下脚步，在月光下打量着他挥动画笔的模样。看到他放下画笔，歌德走上前去说：

“你好，我叫歌德。你忧郁的画风真令人陶醉，也使人心酸，像个失恋的小伙子，诚挚中透出忧伤。”

这时，克斯特涅尔走了过来，他用双手抱住两人，热情地笑着说：

“能有你们两个大才子做朋友，真是三生有幸啊！来，我们回去吧！”

歌德走回去收拾画夹了。

耶路撒冷一边收拾，一边用轻蔑的口气说：

“在法学院我见过他，一副孤芳自赏的模样。自以为见解高超，不时给各家报刊写些文章，是一个十足的花花公子。”

“我倒想听听歌德是怎样的花花公子。”克斯特涅尔说。

“刚进校园，就与所有的女同学打得火热，不专情的多情种。”耶路撒冷说。

“我的大哲学家，那是诗人的浪漫。”克斯特涅尔笑着反驳说。

回去的路上，克斯特涅尔邀请歌德星期天到他女友家做客。

歌德欢喜地说：“那真是太好了。”

与歌德分手后，耶路撒冷对克斯特涅尔说：

“你怎么能带那个花花公子去见绿蒂？”

克斯特涅尔笑了笑说：“绿蒂固然可爱，可你也没有抢我的绿蒂呀！我们是好朋友，歌德也是。况且，歌德也不是个花花公子。”

“我与他不能相提并论。”耶路撒冷说。

“好了，我们不说这个。晚上好好儿想想，绿蒂明天要为我们做什

么好吃的呢！”

星期天，克斯特涅尔果然带着两位朋友，雇了辆马车，向他的女友家出发了。

马车穿越广阔美丽的乡间田野，将三人带到了一座古朴的庄园前。

克斯特涅尔和两个朋友下了车，搂着两人一起向门口走去，他用洪亮的嗓音冲院里喊着：

“绿蒂！绿蒂！”

一位容貌端庄秀丽的姑娘来到了三个人面前。她中等身材，穿一件简朴的白色衣服，袖口和胸襟上系着粉红色的蝴蝶结，温柔地笑着。

歌德的心为之一颤，他在克斯特涅尔的肩头上捏了一下，肯定了他对绿蒂的好感。耶路撒冷瞪了歌德一眼，一个人先进了院子。

克斯特涅尔给绿蒂介绍说：“这是我的朋友歌德，法兰克福的法学博士，《葛兹·冯·伯利欣根》的作者。”

“您就是大作家歌德？”绿蒂欣喜地说。

“我该怎样称呼您呢？叫嫂嫂可以吗？”

“啊！不。”绿蒂的面颊上泛起了红晕，“您还是叫我绿蒂吧。”

“啊——”歌德学着绿蒂拖着长腔，又一本正经地说：“您还是把您换成你，叫我歌德好了。是吧？克斯特涅尔。”

“以后我们都是朋友，无须这么客套。可能歌德比绿蒂大一点，要有哥哥的样子啊！卖弄嘴皮把绿蒂气哭，我可不饶你。”

bù yí huì er lǜ dì zā zhe wéi qún duān lái le rè qì téng téng de niú
不一会儿，绿蒂扎着围裙，端来了热气腾腾的牛
nǎi xīn kǎo de miàn bāo hé xiāngcháng
奶、新烤的面包和香肠。

gē dé yì biān chī zhe yì biān dǎ liang zhe lǜ dì tā wàng zhe lǜ dì dòng
歌德一边吃着，一边打量着绿蒂，他望着绿蒂动
rén de yǎn jing zhěng gè líng hún dōu bèi xī yǐn zhù le
人的眼睛，整个灵魂都被吸引住了。

yē lù sā lěng yòng dāo chā qiāo le yí xià pán zi xiàng gē dé fā chū le jǐng
耶路撒冷用刀叉敲了一下盘子，向歌德发出了警
shì
示。

chī guò fàn kè sī tè niè ěr tí yì shuō jīn tiān wǒ men qù mù chǎng
吃过饭，克斯特涅尔提议说：“今天我们去牧场

骑马，你们看怎么样？”

歌德兴奋地说：“太好了！绿蒂也一起去吧！”

“当然啦！”克斯特涅尔说。

美丽的牧场上，金风吹拂，四人骑着马匹，尽兴驰骋。耶路撒冷首先扬鞭策马而去，歌德追赶着耶路撒冷，口中朗诵起了《圣经》中的《所罗门雅歌》：

来吧！我的爱人，
我们可以往田间去，
我们可以在村庄住宿，
我们早晨起来往葡萄园去，
……

zài nà li wǒ yào bǎ ài qíng gěi nǐ
在那里我要把爱情给你，

fēng qié fàngxiāng
风茄放香，

wǒ menmén nèi yǒu gè zhǒng jiā měi de guǒ zi
我们门内有各种佳美的果子。

gē dé dà shēng de hǎn zhe　yē lù sā lěng
歌德大声地喊着：“耶路撒冷！”

yē lù sā lěng de qí sù huǎn le xià lái　yǔ gē dé bìng mǎ ér xíng
耶路撒冷的骑速缓了下来，与歌德并马而行。

nǐ gāng cái jiào wǒ gàn shén me　yē lù sā lěng wèn dào
“你刚才叫我干什么？”耶路撒冷问道。

yē lù sā lěng　wǒ xiǎng zhī dào nǐ wèi hé qǔ míng yē lù sā lěng ne
“耶路撒冷，我想知道你为何取名耶路撒冷呢？”

yē lù sā lěng de shuāng yǎn níng shì zhe yuǎn fāng
耶路撒冷的双眼凝视着远方

xǔ jiǔ　rán hòu　tā huǎn huǎn de jiǎng qǐ le zì
许久，然后，他缓缓地讲起了自

jǐ
己：

wǒ mǔ qin shì wǒ fù qin wéi yī de
“我母亲是我父亲唯一的

ài　wǒ mǔ qin shēng xià wǒ shí cù rán ér sǐ
爱。我母亲生下我时猝然而死，

fù qin tòng bù yù shēng　tā yào shāo huǐ zhuāng yuán
父亲痛不欲生，他要烧毁庄园，

bào zhe wǒ zàng shēn huǒ hǎi suí mǔ qin ér qù　pú
抱着我葬身火海随母亲而去。仆

rén men guì xià le zǔ zhǐ le fù qin pū miè le dà huǒ wǒ fù qin gěi wǒ qǔ
人们跪下了，阻止了父亲，扑灭了大火。我父亲给我取
le zhè ge míng zi tā cóng cǐ wèi zài qǔ qī gē dé nǐ tīng zhe nán rén yì
了这个名字，他从此未再娶妻。歌德，你听着！男人一
shēng zhǐ néng zhuān qíng ài yí gè nǚ rén
生只能专情爱一个女人。”

gē dé chén sī liáng jiǔ tā lǐ jiě le yē lù sā lěng de yōu yù yǐ jí lěng
歌德沉思良久，他理解了耶路撒冷的忧郁以及冷
mò
漠。

yì nián hòu yē lù sā lěng bèi guān fāng rèn mìng wéi wài jiāo shǐ jié lí kāi le
一年后，耶路撒冷被官方任命为外交使节，离开了
hǎo péng you kè sī tè niè ěr hé gē dé
好朋友克斯特涅尔和歌德。

克斯特涅尔也整日忙于公务，办案、诉讼、外出取证……成了名声显赫的大律师。歌德对处理案子不太热心，整日在绿蒂家的牧场和花园吟诗作画，绿蒂也体贴地照顾着歌德。

歌德的内心却被爱痛苦地折磨着：他爱上了绿蒂，但碍于她是好朋友的未婚妻而无法向她表白自己炙热的爱意，而绿蒂也有意与歌德保持着距离，歌德的内心都要疯了。有一次，歌德在作画，绿蒂给他送来午饭，歌德向她表白了内心的情感，并含泪吟诗道：

tòng kǔ zhé mó zhe wǒ
痛苦折磨着我，

shǐ wǒ yōu xīn rú fén
使我忧心如焚。

ān wèi wǒ zhǎo bú dào
安慰我找不到，

kǔ mèn chéng le yǒng héng
苦闷成了永恒！

huā er rì jiàn diāo wěi
花儿日见凋萎，

huó zhe fǎng fú tōu shēng
活着仿佛偷生——

dì yù a zài nǎ li
地狱啊！在哪里？

wǒ jiāng yǒng yuǎn chén lún
我将永远沉沦。

lù dì de yǎn li yǒng mǎn le lèi shuǐ tā duì zì jǐ de wèi hūn fū shì zhōng
绿蒂的眼里涌满了泪水。她对自己的未婚夫是忠

chéng de tā qì fèn de wàng zhe guì zài dì shang de gē dé chì zé tā bèi pàn péng
诚的，她气愤地望着跪在地上的歌德，斥责他背叛朋

友的友谊。然后，她走了。

克斯特涅尔回来发现了歌德不正常的神态，他既不画也不写，目光痴呆地跟着绿蒂的身影转。

克斯特涅尔虽然大度，却也受不了歌德这副样子。他抓住歌德的衣领，大声呵斥：

“你不是人！你给我滚！”

他又大声质问绿蒂：

“绿蒂，他这是怎么了？我才走了一个月，你怎么把他弄成这个样子？”

绿蒂委屈地背过身去，哭了。

歌德一拳朝克斯特涅尔胸前打去，他声泪俱下地说：

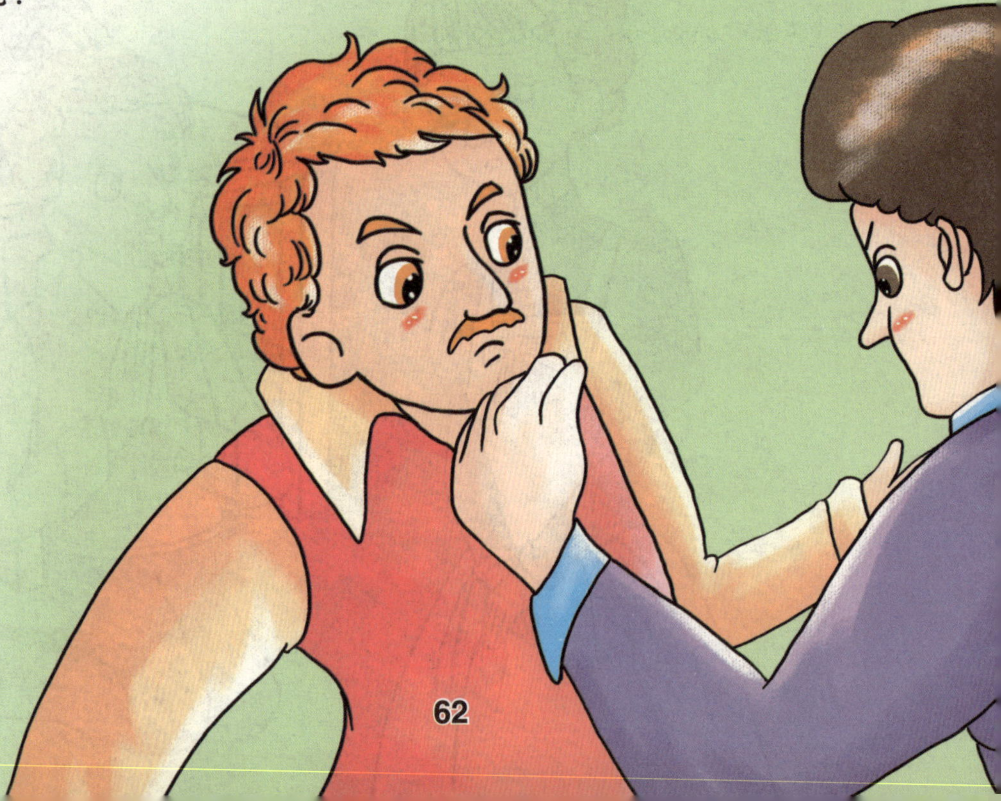

“不许你欺侮绿蒂，她把爱百分之百地给了你。哪怕施舍我一分也好，绿蒂她都不肯！我什么地方不如你？绿蒂，你为什么一点也不肯爱我？”

歌德踉跄地走出庄园，克斯特涅尔急忙吩咐马车夫，送歌德离去……

歌德回到法兰克福，沉浸于痛苦之中。他给克斯特涅尔和绿蒂写信：

“我可以一个人哭了。我让你们留在幸福之中……我还会再和你们见面吗？”

这一天，歌德又趴在桌上

给他们写信，忽然，他听到了一个熟悉的声音。令歌德大为惊讶的，是克斯特涅尔踉跄地闯进了他的卧室，他木然地站在歌德面前，泪流满面。

“克斯特涅尔，你……这是怎么了？”歌德抓住他，迷惑不解地问。

“昨天晚上，耶路撒冷开枪打死了自己。”克斯特涅尔抱住歌德，号啕大哭。

“你说什么！？”歌德震惊了，“耶路撒冷他死了？”歌德眼前浮现起耶路撒冷那英俊、高傲的模样，他大声问：

“为什么？你快说！”

克斯特涅尔一把推开歌德，怒吼起来：“你也该死！你们统统该死！你们爱谁不行，偏偏爱朋友的未婚妻！你们活该受折磨！”

他接着又说：

“我怎么也不敢相信，正人君子的耶路撒冷，竟然也爱上了一位朋友的未婚妻，他最终绝望地开枪自杀

了！他那支枪，还是我借给他的！他来借枪时，说是要去打猎！我真该死，竟毫不怀疑地把枪给了他！”

克斯特涅尔懊悔地说着，泪流满面。歌德也扑在朋友的肩头，失声痛哭。

第二天，歌德与克斯特涅尔一起，埋葬了耶路撒冷。

歌德回到家里，如坠入一场大梦之中。在一阵痛楚与绝望的内心挣扎之后，他终于又振作起来，如夜莺泣血一般，写出了一部书信体裁的小说，这就是震动欧洲的《少年维特之烦恼》。

5.《维特》轰动欧洲

《维特》轰动了欧洲，一些青年纷纷效仿维特的穿着、言行，甚至有人效仿维特的自杀。一时间，歌德遭到了舆论界的指责，他被迫奋起反击，为《维特》正言。

在歌德卷入了与绿蒂和克斯特涅尔的感情纠葛、耶路撒冷自杀以后的两年间，歌德一直处于难以平静的内心斗争中，但他最终战胜了苦闷，埋头开始了新的创作。两年后，一部震撼欧洲文坛的《少年维特之烦恼》诞生了，这部作品浸透了歌德内心的感悟，是他椎心泣血的杰作。

千千万万的人在读《维特》，都在为才智横溢、愤世嫉俗的维特洒下感动之泪……一时间，维特成了欧洲许多青年的偶像。

歌德的故乡法兰克福，也不能免于这种狂热。好几次，歌德去大街上散步，看到许多男青年都穿上了维特式的燕尾服、黄坎肩和长统靴；一些青年女子的袖口和胸襟上系着粉红色的蝴蝶结。歌德回家后对妹妹和母亲说：

“我的维特现在正在大街上走着，他没有像我的小说中那样死去……维特的命运真是奇妙啊！”

“哥哥，你别太得意！你创造的维特会带来阴郁而苦涩的云雾。”妹妹反驳说。

“哦？那让我们等着瞧吧。”歌德被妹妹的话拨动了心上的一根弦。

果然，妹妹的话应验了。报纸上刊出了许多青年男子模仿维特而自杀的消息，《维特》一书受到了公众舆论的指责，有人提出将它列为禁书，这种无厘头的行为彻底激怒了歌德。

但也有许多杰出

人士为歌德鸣不平。一位叫舒巴特的诗人读了《维特》，写文章说“我的心都溶化了，胸口怦怦直跳，狂喜而痛苦的泪水直流”，他劝读者：

“宁可终生穷困，一辈子睡干草、饮清水、吃树根，也要来体验一下这位多情善感作家的心曲。”

歌德为了劝阻许多青年的盲目模仿，在《维特》再版的序言中作了卷首诗：

青年男子谁不善钟情？
妙龄女子谁不善怀春？
这是我们人性中的至圣至神，
啊！谁知道此中会有惨痛飞迸？

kě ài de dú zhě yō nǐ kū tā nǐ ài tā
可爱的读者哟，你哭他，你爱他，

qǐng cóng chǐ rǔ zhī zhōng wǎn jiù tā de shēng míng
请从耻辱之中挽救他的声名；

nǐ kàn yā tā chū qiào de líng hún zài xiàng nǐ ěr yǔ
你看呀！他出窍的灵魂在向你耳语：

qǐng zuò gè táng táng nán zǐ bú yào bù wǒ hòu chén
请做个堂堂男子！不要步我后尘。

dé guó bó lín yǒu yí wèi yōng sú de zuò jiā ní gǔ lā xiě le yì běn mó fǎng zhī zuò shào nián wéi tè zhī huān lè tā bǎ zhǔ rén gōng wéi tè zì shā de shǒu qiāng huàn chéng le zhuāng yǒu jī xuè de shǒu qiāng jié guǒ wéi tè de liǎn shang xuè liú mǎn miàn dàn zì shā méi yǒu chéng gōng zhǔ rén gōng yǔ lǜ dì jié le hūn shì gè dà tuán yuán de jié jú

德国柏林有一位庸俗的作家尼古拉，写了一本模仿之作《少年维特之欢乐》。他把主人公维特自杀的手枪，换成了装有鸡血的手枪，结果，维特的脸上“血”流满面，但自杀没有成功。主人公与绿蒂结了婚，是个大团圆的结局。

gē dé duì cǐ hěn nǎo huǒ tā xiě le yì shǒu duǎn shī fěng cì ní gǔ lā
歌德对此很恼火，他写了一首短诗讽刺尼古拉：

rèn nà jiāo ào de rén
任那骄傲的人，

chēng wǒ wéi wēi xiǎn de zuò jiā
称 我为危险的作家；

bú huì yóu yǒng de bèn bó
不会游泳的笨伯，

biànyào duì shuǐ pò kǒu dà mà
便要对水破口大骂！

bó lín de fàng zhú nán dào wǒ huì pà
柏林的放逐难道我会怕？

pēi dī jí qù wèi de dào xué jiā
呸！低级趣味的道学家！

fán shì bù dǒng de wǒ de rén
凡是不懂得我的人，

bù rú hǎo hāo er de dú shū ba
不如好好儿地读书吧！

gē dé hái yú nù wèi xiāo qì fèn de xiě dào duì wǒ nà kě lián de
歌德还余怒未消，气愤地写道：“对我那可怜的
wéi tè suǒ zuò de shī tǐ jiě pōu shí zài ràng wǒ nì wei tòu le bù guǎn wǒ
《维特》所做的尸体解剖，实在让我腻味透了。不管我
zǒu dào nǎ li dào chù dōu pèng dào nà zhǒng bó lín è gùn bù guǎn nǎ zhǒng rén
走到哪里，到处都碰到那种柏林恶棍……不管哪种人

dōu zhǐ néng gěi wǒ dài lái shāng hài
都只能给我带来伤害。”

dāng shí dé guó de jiào huì zǔ zhòu xiǎo shuō “gāi zāo tiān léi hōng”, zhǔ jiào dà ren yāo qiú “chè dǐ gēn chú zhè zhū guǎng wéi liú chuán de dú cǎo”, mà 《wéi tè》 shì yí bù “jí bú dào dé de shū”。
当时德国的教会诅咒小说“该遭天雷轰”，主教大人要求“彻底根除这株广为流传的毒草”，骂《维特》是一部“极不道德的书”。

gē dé dāng jí jǐ yǔ yíng tóu tòng jī, tā xiě dào:
歌德当即给予迎头痛击，他写道：

“……shì jiān yǒu xiē dà rén wù yòng dà bǐ yì huī, bǎ shí wàn rén sòng dào zhàn chǎng, qí zhōng jiù yǒu bā wàn rén duàn sòng le xìng mìng…… xiàn zài, què bǎ yí gè zuò jiā tuō lái pán wèn……”
“……世间有些大人物用大笔一挥，把十万人送到战场，其中就有八万人断送了性命……现在，却把一个作家拖来盘问……”

hào qí de gōng zhòng shàn yú zài gè zhǒng bù tóng lèi xíng de gū niang men shēn shang fā xiàn yǔ zhǔ rén gōng de xiāng sì zhī chù; lìng yì xiē rén zé rè zhōng yú xiǎng zhī dào
好奇的公众善于在各种不同类型的姑娘们身上发现与主人公的相似之处；另一些人则热衷于想知道

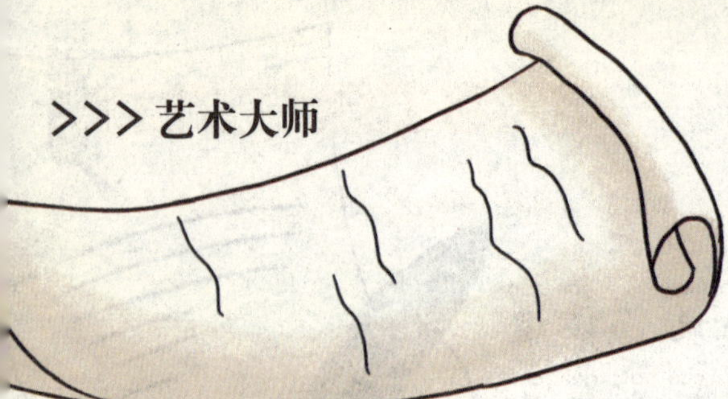

真正的绿蒂究竟影射的是她们中间的谁？并且刨根问底地打听里面写了多少真人真事。

那么，歌德的《少年维特之烦恼》究竟与真人真事有多大的关系呢？还是来看看克斯特涅尔是怎样说的：

“在《维特》的上篇，维特就是歌德自己……为了下篇，为了给维特的死作铺垫，他在上篇中虚构了一些东西加了进去，比如说绿蒂既没有同歌德、也没有同任何人有过像小说里所描写的那种亲密的关系……为此，我们对他很恼火……小说中绿蒂的原型总体是我妻子绿蒂的形象。

“下篇跟我们毫不相干，那里的维特就是耶路撒冷……对这三个人来说绝大部分是虚构的……耶路撒

冷确实给我写过那种小说中的便条……我未加考虑就把枪借给了他……”

歌德用心血写出了《少年维特之烦恼》，了却了一段情缘，把自己“从暴风雨般的心境中拯救了出来”。

后来，歌德还给绿蒂寄去了一本《维特》，在书的扉页上歌德写着：

“这本书对我来说如此宝贵，就好像它是世界上唯一存在的东西。接受它吧！绿蒂，我在它上面印上了无数的吻……哦！绿蒂！”

6. 歌德在魏玛

歌德应魏玛公爵之邀，准备赶赴魏玛，走从政之路。公爵任命歌德为枢密顾问官，歌德不适应官场生活，逃进山中。

18世纪的德国，政治上没有统一，当时分割为很多公国，就像中国古代的诸侯国。魏玛公国的统治者卡尔·奥古斯特公爵，当年才18岁，正处于年少气盛的青春年华，他被歌德的才华和名声打动，十分仰慕这位大诗人。他新娶的夫人，也十分崇拜歌德，请求

gōng jué bǎ gē dé qǐng dào wèi mǎ gōng jué xiàng tā de mǔ hòu qǐng shì gōng jué de
公爵把歌德请到魏玛。公爵向他的母后请示，公爵的
mǔ hòu tóng yì le
母后同意了。

zhè yì tiān mǎ chē zài gē dé jiā mén qián děng hòu xíng zhuāng yě yǐ fàng rù
这一天，马车在歌德家门前等候，行装也已放入
mǎ chē gōng jué hé gōng jué fū rén zǎo yǐ zài mǎ chē shang zuò hǎo mǎ chē fū xiǎn
马车，公爵和公爵夫人早已在马车上坐好，马车夫显
chū jí bù kě nài de yàng zi shǒu li niē zhe lǎ ba cuī cù zhe
出急不可耐的样子，手里捏着喇叭催促着……

gē dé de shuāng shǒu hái bèi fù mǔ jǐn jǐn de wò zhe tā yǎn hán rè lèi
歌德的双手还被父母紧紧地握着，他眼含热泪，
duì sòng bié tā de qīn yǒu men jī dòng de lǎng sòng tā wèi wán gǎo de zuò pǐn ài gé
对送别他的亲友们，激动地朗诵他未完稿的作品《爱格
méng tè zhōng de shī jù
蒙特》中的诗句：

guāng yīn de bái jū xiàng shì bèi bù kě jiàn de yōu líng biān cè tuō zhe wǒ men mìng yùn de
光阴的白驹，像是被不可见的幽灵鞭策，拖着我们命运的
qīng chē bēn chí le
轻车奔驰了……

wǒ men zhǐ yǒu yǒng gǎn ér zhèn jìng de jǐn wò mǎ jiāng cuī dòng chē lún
我们只有勇敢而镇静地紧握马缰，催动车轮……

gē dé shàng chē hòu gōng jué lǒu zhe tā de jiān bǎng xīng fèn de shuō
歌德上车后，公爵搂着他的肩膀，兴奋地说：

gē dé bó shì wǒ men yǎng mù nín de cái huá hěn jiǔ le tiān tiān pàn
“歌德博士，我们仰慕您的才华很久了，天天盼
wàng néng jiàn dào nín yǔ nín zuò péng you zhè yě shì wǒ mǔ hòu de zhǐ yì qǐng
望能见到您，与您做朋友。这也是我母后的旨意，请
nín zài wèi mǎ zhù xià lái wèi mǎ gōng tíng xū yào nín qǐng qiú nín bāng zhù wǒ
您在魏玛住下来，魏玛宫廷需要您。请求您帮助我，
shǐ wèi mǎ gōng guó xiàng shī yì bān měi hǎo
使魏玛公国像诗一般美好。”

suì de gē dé miàn duì liǎng gè bú dào suì de gōng tíng tǒng zhì zhě kǔ
26岁的歌德，面对两个不到20岁的宫廷统治者苦
sè de xiào le tā cóng zuò shàng mǎ chē de yí kè jiù yǐ gǎn dào shēn bù yóu jǐ
涩地笑了。他从坐上马车的一刻，就已感到身不由己
le
了。

这是1775年，歌德住进了魏玛君王的宫廷。

年轻的公爵整天与歌德守在一起。歌德的浪漫诗意感染了公爵，两人在一起吟诗、作画、击剑、骑马、狩猎……在乡村牧场、郊外田间，在假面舞会、险峻山巅，到处都有他俩形影不离的身影。新年的宫廷宴席还未散，公爵与歌德耳语了几句，两人便悄悄溜出了宴席，来到了湖边。

在湖边，公爵命令侍卫在冰上凿出窟窿，两人一同跳进冰冷刺骨的水中游起泳来。

自从歌德来到宫廷，年轻美貌的公爵夫人身边就很少见到公爵的身影。公爵的所作所为，也使公爵母后感到不安，她下令召见了诗人维兰。

维兰是德国著名的文学家、诗人，多年来，他成为魏玛宫廷和城市的精神领袖。歌德的到来，如同一个野人闯进了宫廷，却在年轻公爵那儿恩宠有加，相比之下，维兰被冷落在了一旁。维兰感到歌德对他的威胁，他觉得歌德将要取代他在宫廷的地位。

公爵的母后问维兰：

“我想请您谈谈对歌德的看法。”

维兰回答说：

“歌德的天才和智慧是可以做出一番大事业的，但是……我担心诗人沉溺于幻想之中，会给年轻的公爵带来不利的影响，使公爵误了正事……”

母后点了点头，维兰告退了。

母后又拉着宫中女官夏绿蒂·施太因夫人的手坐了下来，说：“说说你对歌德的评价吧！”

美丽迷人的夏绿蒂·施太因夫人回道：“他像北极星一样，将指示魏玛的方向。”

公爵的母后信赖而宽慰地笑了，说：“你要帮我控制住他，成为一个好统帅。”

公爵的母后把儿子叫到跟前，叮嘱说：

“我亲爱的公爵儿子，你不要再跟法兰克福来的诗人，整天去亲近大自然，你要使歌德效力于宫廷，帮助你治理国家。”

“母后，我能不知道这些吗？我只怕森

严的宫廷使歌德不适应，会吓跑他。所以我只想慢慢让他适应。”

“好儿子，”公爵的母亲说，“是你该颁布命令的时候了。”

“但是，一定要为歌德在郊外建造一座风景幽雅的别墅，别墅要有花园和公园。”夏绿蒂深思熟虑地说。

“对，”公爵右手攥着拳头在左手心猛地一击，“我马上就去办这两件事。”

公爵颁布了“授予歌德枢密顾问官官衔和年俸

1200塔涅尔（当时德国货币单位）”的命令。当时，贵族势力对宫廷吸收了歌德这个市民出身的人为官很不满，首相弗里茨还提出了辞呈，以反对歌德这位市民出席宫廷会议。

公爵耐心地劝说着他的大臣：

“社会偏见不是一成不变的，社会在前进，制度也要改革，歌德是个难得的人才……”

歌德面对公爵的信任，对公爵表示：

“我就在这里待上一年吧！为回报你的知遇之恩，我会尽可能发挥自己的作用。”

gē dé cān jiā le liǎng cì shū mì jú huì yì gǎn dào hěn yā yì cóng zhòng
歌德参加了两次枢密局会议，感到很压抑。从众
xīng pěng yuè de zuò jiā yí luò wéi zāo rén pái jǐ de dà chén gē dé zài wèi mǎ de
星捧月的作家，一落为遭人排挤的大臣，歌德在魏玛的
kuài lè yí xià zi jiù shī qù le tā kǔ mèn de táo jìn le shān li zài nà li
快乐一下子就失去了。他苦闷地逃进了山里，在那里，
tā de jīng shén cái dǒu sǒu qǐ lái
他的精神才抖擞起来。

gōng jué qí mǎ zhuī dào le shēn shān gào sù gē dé wèi tā jiàn zào de huā yuán
公爵骑马追到了深山，告诉歌德，为他建造的花园
bié shù jiù yào jùn gōng le
别墅就要竣工了。

gē dé xiǎng yào lí kāi wèi mǎ de qǐng qiú zhǐ hǎo yàn le huí qù tā duì gōng
歌德想要离开魏玛的请求只好咽了回去。他对公
jué shuō
爵说：

kàn yàng zi mìng yùn yǐ jing bú ràng wǒ lí kāi zhè er le wǒ jué dìng yǐ
“看样子，命运已经不让我离开这儿了。我决定以
zhí jiē de fāng shì cān yù yí qiè gōng tíng hé zhèng zhì shì wù nǐ gěi le wǒ zhè ge
直接的方式参与一切宫廷和政治事务。你给了我这个
jī huì nà me jiù ràng wǒ zài zhèng zhì wǔ tái shang cháng shì yí xià zěn yàng dǎo yǎn wǒ
机会，那么就让我在政治舞台上尝试一下怎样导演我
de xì jù ba
的戏剧吧！”

gōng jué jī dòng bù yǐ liǎng rén qí
公爵激动不已，两人骑
mǎ yì qǐ cóng shēn shān huí dào le gōng tíng
马一起从深山回到了宫廷。

gē dé cóng cǐ kāi shǐ le rén shēng
歌德从此开始了人生
zhōng zhòng yào de yí mù
中重要的一幕。

7. 文学家与政治家

歌德积极从事治理国家的事务，但又渴望逃避宫廷的束缚，施太因夫人给了歌德不少助佑。政务活动之外，歌德还从事戏剧创作和表演。

歌德于1775年进入魏玛的宫廷，开始了他真正的从政生涯。

歌德是魏玛公国枢密公议七个成员中最年轻的一个。他被任命后，抵制着守旧的、固执的老臣们的嫉妒，只希望用自己的才智为国家和人民多办些实事。

歌德不辞辛劳地走遍了各地，把自己发展国家经济的思想付诸实施。他恢复了已废弃四十多年的一个大采石矿，挽救了一座座被遗弃的农舍。他监督新兵

zhāo mù ān pái liáng shi de gōng yìng gōng zuò bìng jiān fù qǐ le zhǔ guǎn jiāo tōng jiàn
招募，安排粮食的供应工作，并肩负起了主管交通建
shè de zhòng rèn
设的重任。

dàn gē dé yòu shí kè xiǎng cóng shàng liú shè huì táo lí kě wàng néng zì yóu zì
但歌德又时刻想从上流社会逃离，渴望能自由自
zài de shēng huó
在地生活。

gǔ sè gǔ xiāng fēng yǎ bié zhì de huā yuán bié shù shì gē dé zuì xǐ huan de dì
古色古香、风雅别致的花园别墅是歌德最喜欢的地
fang suī rán zhè li lí gōng
方，虽然这里离宫
tíng hěn jìn dàn yǐ yuǎn lí le
廷很近，但已远离了
zhèng zhì huó dòng de xuān xiāo
政治活动的喧嚣。

gē dé bù zhī dào chū zhǔ
歌德不知道出主
yi wèi tā jiàn zào huā yuán bié shù
意为他建造花园别墅
de shì xià lǜ dì shī tài yīn
的是夏绿蒂·施太因
fū rén
夫人。

歌德来到魏玛后，宫廷的高墙使他感到自己仿佛被囚禁在一所监狱中。夏绿蒂犹如一片绿荫，给了歌德盎然的春意。

三年后，歌德对夏绿蒂深情地说：

“我好比一株被人砍去枝条的柳树，是您赐予了我更新自我的嫩芽。”

夏绿蒂友好地看着歌德，深沉地说：

“我喜欢您这个形象，所以我要使您根深叶茂。但是，这棵被人砍掉枝条的柳树，无论多么枝繁叶茂，也不会给我以浓荫和庇护。”

歌德心痛极了，像个孩子似的说：

“夏绿蒂，您为什么这么说呢？我被允许教您读书、画画、学英语、学自然、学历史……我付出了一切。”

“歌德，我崇拜您，您是我最好的教师和朋友，这是我们的友谊。但愿我们的灵魂无间地契合，我希望不要让我们的友谊受到伤害。”

“夏绿蒂，您不相信我的爱，是吗？”

“是的，您爱我如此热烈，可只是男人渴望占有女人的欲望，远不如我爱您爱得真实。”夏绿蒂说。

歌德失望了。他一气之下去了一趟莱比锡，带回了一位集艺术与美丽于一身的希腊女歌手科罗娜。

科罗娜到魏玛后，以她的美貌和演技轰动了宫廷。她端庄、迷人，禀性聪慧，能自如地运用三国语言，擅长绘画、弹琴、谱曲。她的到来，使安分的夏绿蒂心烦意乱。

歌德为科罗娜一气呵成写出了剧本《伊菲格尼》，并要在魏玛的剧院上演。

清晨，歌德习惯性地漫步在花园，这是他构思作品的关键时刻。但今天，他没有构

sī tā yí huì er yào zhǔn bèi yī fěi gé ní de shǒu chǎng yǎn chū
思，他一会儿要准备《伊菲格尼》的首场演出。

zǎo cān hòu gē dé chuān shàng le gǔ xī là shì de bái sè duǎn xiù cháng shān
早餐后，歌德穿上了古希腊式的白色短袖长衫，
zuò shàng mǎ chē zhí bèn gōng tíng jù yuàn
坐上马车直奔宫廷剧院。

gē dé gāng cóng mǎ chē shang zǒu xià lái jiù bèi děng zhe kàn xì de guān zhòng
歌德刚从马车上走下来，就被等着看戏的观众
hū lā yí xià wéi zhù le
“呼啦”一下围住了。

ā bō luó tài yáng shén ā bō luó yí gè nán hái hǎn dào
“阿波罗！太阳神阿波罗！”一个男孩喊道。

gē dé xún shēng cháo nà ge shí sì wǔ suì de dà nán hái zǒu le guò qù xiào
歌德循声朝那个十四五岁的大男孩走了过去，笑
zhe wèn
着问：

wǒ zhǎng de yǒu ā bō luó nà yàng měi
“我长得有阿波罗那样美
ma
吗？”

nà ge nán hái wàng zhe gē dé rèn zhēn
那个男孩望着歌德，认真
de shuō
地说：

nín jiù xiàng tài yáng shén ā bō luó yí
“您就像太阳神阿波罗一
yàng měi gē dé xiān sheng
样美，歌德先生。”

戏剧开始了。歌德和公爵在剧中分别饰演男主人公奥列斯特和皮拉达，科罗娜饰演女主人公，夏绿蒂出于妒忌未来观看。

浓郁的诗意，美妙的旋律，使《伊菲格尼》这个戏剧像一朵奇葩，开放在魏玛市民的平庸生活之中。演出获得了成功。

桃色传闻更使人们扑朔迷离，谁也弄不清楚，在公爵、女演员、诗人、宫廷女官之间，究竟发生了什么。

演戏完毕，歌德又要回到国务活动之中。

在从事国务活动的几年中，歌德全力以赴地与根深蒂固的封建旧秩序作斗争，他在改革创新中发挥了

很大作用。

歌德当上了国防大臣和公共事务大臣，他又每天忙于主持军事委员会会议，分析国情……德国一座城市耶拿发生火灾，歌德不顾被烧伤的危险，奋力带人扑灭大火；耶拿又发生了水灾，歌德带人来到了抗灾的前沿地区……

歌德32岁寿辰那天，公爵为他举行了隆重的庆祝会，并为他从皇帝那里讨来了贵族封号。但歌德的心情没有因此而轻松，因为他发现公爵卡尔·奥古斯特越来越我行我素，不接受他的劝告，一再增加军事预算。他知道，唯一能使年轻公爵高兴的，是能出风头的战争。

歌德跑到耶拿的朋友克涅别利那儿住了下来，他想辞职。

克涅别利劝歌德回到公爵身边。

歌德气愤地说：

“公爵和他的那群狗生

活在一起很幸福，我祝他幸福。他宠坏了那帮亲信，总是一个劲地到处搜罗猎犬，为了追兔子而闹得民怨沸腾！而我为了保住这些兔子，几乎要做出同等程度的努力。”

克涅别利听了哈哈大笑，他说：

“你为何不把这些话说给公爵本人听？”

“他现在完全拒绝听我的忠告。好战精神使他玩弄起了政治手腕，他的眼睛现在只盯在普鲁士士兵的身上。再这样下去，魏玛将一天天走向贫穷。”

歌德给公爵以农民的名义写了一首短诗：

应该让每个人懂得，
农夫的血——是您的资本。
比起肥壮的公马来，
您更需要诚实的庄稼人。

公爵收到歌德的短诗，很不以为然，他依然狂热地渴望着战争。

歌德37岁了，他移居魏玛已有11年。在这11年中，他孜孜不倦地从事着国务活动。他对肩头的工作，和宫中顽固势力的阻挠，感到十分的反感和无奈。他不禁仰天长叹：

“我的宁静啊！你在哪里？大自然的宁静啊，你在哪里？”

歌德觉得宫廷的高墙压得他喘不过气来，他在酝酿着如何逃离这令人厌倦的政治生活。

8. 逃往意大利

歌德从魏玛宫廷逃离，前往意大利。他在意大利隐姓埋名，继续从事文学创作。在一家罗马书店，歌德被认了出来……

歌德决定离开魏玛，一个逃跑的计划在他的脑海里形成。他对公爵提议，大家去一趟旅游胜地卡尔斯巴德，爱玩的公爵欣然同意了。

在卡尔斯巴德，歌德害怕自己的决心发生动摇，他一分钟也不想待在那儿。他对夏绿蒂·施太因夫人

暗示说：

“地位的高升使我离大自然越来越远，我多么想亲近大地，倾听地核心音的跳动。那样，我就无法生活在你身边，只能在一个遥远的世界和你的心生活在一起。”

夏绿蒂凝视着他，像是看穿了他的五脏六腑。

他伸了一个懒腰，缓解了一下紧张的神经，说：“我找公爵还有点事。”他边说边离开了夏绿蒂，他不敢再看她，眼里却已涌出了泪水……

他在公爵那里装作若无其事地乱侃一阵，终于挨到了天黑，才回到自己的房间。

在屋里，他给公爵和夏绿蒂写了留言：

亲爱的夏绿蒂：

终于，我准备好了。又好像什么也没有准备。真正说来，还有一个星期的事情要我去干，

dàn wǒ děi zǒu le　bìng qiě zuì hòu yí cì duì nǐ shuō　zài
但我得走了。并且最后一次对你说：再
jiàn le
见了！

zhù nǐ jiàn kāng　wǒ de líng hún　wǒ shì nǐ de
祝你健康，我的灵魂！我是你的！

gē dé
歌德

tā de lèi shuǐ dī luò zài zhǐ shang
他的泪水滴落在纸上……

tā gěi gōng jué de xìn zhōng　qǐng le yí gè wú dìng qī de cháng jià
他给公爵的信中，请了一个无定期的长假：

jūn zhǔ
君主：

qǐng yuán liàng wǒ　zài wǒ hé nín fēn shǒu de shí hou　duì wǒ de zhè cì guó wài zhī xíng
请原谅我！在我和您分手的时候，对我的这次国外之行，
wǒ shí zài hán hu bù qīng　nín shì xìng fú de　nín zài yíng jiē yí gè guāng huī de　yǐ jing
我实在含糊不清……您是幸福的，您在迎接一个光辉的，已经
xuǎn zé hǎo de mù biāo
选择好的目标。

wǒ zhī dào　nín huì yǔn xǔ
我知道，您会允许
wǒ kǎo lǜ yí xià zì jǐ de shì
我考虑一下自己的事。
wǒ xiàng nín qǐng yí gè cháng jià
我向您请一个长假，
yǐ biàn xiǎng shòu dào wán quán de zì
以便享受到完全的自

由，用新的印象启迪自己的灵魂，安静地出版自己的书。

所有这些，再加上许多别的情况，迫使我躲进这个谁也不认识我的大地上的一个角落……

请爱着我。

祝您健康，万事如意。

议会会长　冯·歌德

当晚11时，他背上了仆人为他打点好的行囊，乘着暗黑的夜色，冒着9月瑟瑟的秋风，逃了出来。他走了半个多小时，来到一个驿站，坐上了马车。他把56天的行程日夜兼程地缩短为16天，他乘坐马车，几乎是飞到了意大利。

歌德在意大利的一年多时间，置身于美丽的意大利城市佛罗伦萨的花园中，伫立在波尔格扎的南风里，完成了他的《爱格蒙特》《塔索》等重要作品，并写成了《意大利游记》。

此后，歌德又去了西西里、威尼斯和罗马。有一天，他走进罗马的一家书店，静静地翻看着书架上的书。他没有觉察到，一个书商已对他注意很久了。

“您是歌德先生吧？”书商走过来，胸有成竹地说。

歌德慌忙合上书，掩饰地说：

“对不起，先生，您认错人了，歌德怎么会在这里。”他边说边将书放回书架，往外走去。

书商挥手在歌德身后喊道：

gē dé xiān sheng qǐng nín liú bù
“歌德先生，请您留步！”

yíng miàn zǒu lái yí gè xiōng pèi xūn zhāng pō yǒu qí shì fēng dù de nián qīng rén
迎面走来一个胸佩勋章，颇有骑士风度的年轻人，
tā shēn chū shǒu bì lán zhù le gē dé jīng qí de shuō
他伸出手臂拦住了歌德，惊奇地说：

nín zhēn shì nà ge zuǒ yòu cháo zhèng de wéi tè de zuò zhě gē dé
“您真是那个左右朝政的、《维特》的作者歌德
ma
吗？”

gē dé yí xià zi bèi rén men wéi le gè shuǐ xiè bù tōng tā jì xù biàn jiě
歌德一下子被人们围了个水泄不通。他继续辩解，
xiǎng shǐ zhōu wéi de rén men xiāng xìn zì jǐ bú shì gē dé
想使周围的人们相信自己不是歌德。

shū shāng shuō gē dé xiān sheng qǐng bú yào ràng wǒ men shī wàng wǒ men qī
书商说：“歌德先生，请不要让我们失望，我们期
dài nín lái luó mǎ yǐ jīng hěn jiǔ le
待您来罗马已经很久了。”

rú guǒ nín shì gē dé zěn me néng zhè yàng duì dài xiǎng jiàn dào nín de rén
“如果您是歌德，怎么能这样对待想见到您的人
men ne wǒ xiāng xìn nín zhǐ yào nín shuō nín bú shì gē dé dài xūn zhāng de
们呢？我相信您，只要您说您不是歌德。”戴勋章的
qí shì jī dòng de shuō
骑士激动地说。

gē dé wéi nán de kàn zhe qí shì hé ǎi de xiào le
歌德为难地看着骑士，和蔼地笑了。

书店沸腾了。几个小伙子将歌德举了起来，人们狂热地喊着：“维特！维特！”

歌德的身份暴露了，他想尽快逃走，换一个新的地方，但人群中一位画家诚挚地挽留他。他感到这一次恐怕很难从罗马脱身了。

歌德住到了画家那里，又结识了许多别的艺术家。他在罗马画了许多画，并写了《罗马悲歌》《威尼斯格言诗》等作品。

歌德开始给公爵和夏绿蒂写信，他不厌其烦地在信中请求他的朋友们，对他这次的逃跑给予谅解。

gōng jué kǎ ěr ào gǔ sī tè yǔ gē dé xiāng jù shèn yuǎn yǒu yì fǎn dào
公爵卡尔·奥古斯特与歌德相距甚远，友谊反倒
gèng wéi shēn dǔ tā yě qìng xìng shēn biān méi yǒu le gē dé duì tā de fáng ài zhōng yú
更为深笃，他也庆幸身边没有了歌德对他的妨碍，终于
rú yuàn yǐ cháng de zǒu dào le dà pào gēn qián zǒu xiàng le zhànzhēng
如愿以偿地走到了大炮跟前，走向了战争。

xià lǜ dì yīn wèi gē dé táo lí wèi mǎ ér gǎn dào gěnggěng yú huái tā rèn
夏绿蒂因为歌德逃离魏玛，而感到耿耿于怀，她认
wéi gē dé bèi pàn le tā yīn cǐ lián yì fēng xìn yě bù gěi tā huí
为歌德背叛了她，因此连一封信也不给他回。

zài yì dà lì dāi le yì nián duō yǐ hòu gē dé zhè cái rú yóu zǐ yì bān qiè
在意大利待了一年多以后，歌德这才如游子一般怯
shēngshēng de huí dào le wèi mǎ
生生地回到了魏玛。

9. 自然科学家

歌德从小热爱大自然，并热爱探索大自然的奥秘。他在研究人体骨骼时有了新的发现，比达尔文早70年提出了有关进化论的思想。

大诗人歌德从小对大自然有着浓厚的兴趣，他似乎总是睁着一双大眼睛，好奇地探究着大自然的奥秘。小时候他就喜欢一片一片扯掉花萼中的花瓣，想看清楚花朵是怎样开放的；还抓住鸟儿的翅膀，拔下鸟的羽毛，因为他要看看羽毛是怎样长在鸟翅上的。他的这种探究事物奥妙的兴趣随着年龄的增长，越来越浓厚了。他研究植物学、生物学、解剖学、矿物学、地质学等许多学问，他把自己称作“无法摧毁的自

然之子”。

一次，歌德陪着公爵视察完一处矿山的开采工作后，一起攀登高山。歌德对公爵说：

“群山和矿坑给我预言了许多有趣的东西。虽然它们看上去不那么富于诗意，但一旦登上山顶，展现在我们眼前的便是另一种诗和画。”

来到山顶，歌德离开公爵，向着悬崖边上的一块红色花岗岩走去，他来到岩石边，抚摸着岩石纹理。

公爵在后面大声叫喊：

“歌德！你不要命了！赶快回来！”

歌德回答说：

“不要阻挡我，趁我的脖子还没有折断，我要往前走，我要把科学弄明白。”

歌德居住的大厦，既是科学院，又是博物馆。大厦

里不仅有繁多的书籍，悬挂着名贵的画，还珍藏着许多奇形怪状的石头、骨头、植物化石……歌德研究数学，研究星星运行的轨道，他在显微镜下研究鞭毛虫，研究岩石上的纹理，以及植物的颜色……

一次，歌德偷偷跑到耶拿市，参加了一个解剖学的讲习班。那里正在

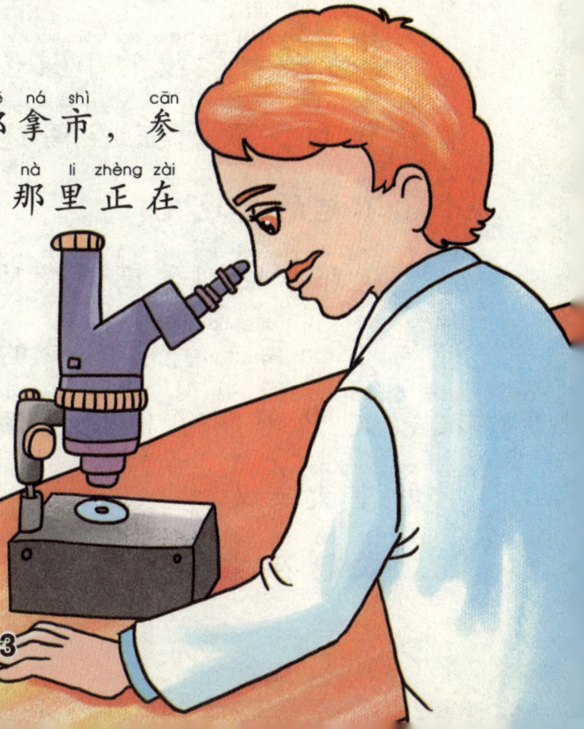

解剖两个刚刚出车祸死去的人。歌德请求医师，允许他解剖一个死者。一开始，歌德有点胆怯，最后，对科学的热烈追求，使他拿起了手术刀，他稳重地解剖着尸体，观察着每一块骨头。

歌德在研究人体骨骼的过程中终于有了新的发现。这一天，在魏玛的赫尔德突然收到一封寄自耶拿的信，信是歌德写的，信中说：

“我发现了一个秘密。我所发现的既不是金子，也不是银子，而是一种给我带来无穷喜悦的东西。我发现了人的颌间骨！我正把人的头颅骨和动物的头颅骨作比较，突然间发现了一个奇迹！正是它，它正是使整个人类骨骼的构造趋于完整的那块关键性的小骨头！”

赫尔德对歌德的小孩子似的兴奋摇了摇头，他还没有认识到，歌德正在阐述一个了不起的发现呢！

从耶拿回到魏玛，歌德立即写了一篇关于颌间骨的论文，文中阐明了他发现颌间骨的重大意义。

歌德在意大利期间，也

像一只逃出囚笼的小鸟一样亲近着大自然。

在意大利威尼斯城的一个公墓，歌德捡到一块颅骨，他以为是犹太人的骨头，但他端详了许久，最后惊喜地确认，那是一块绝种了的绵羊的颅骨，他如获至宝。

在意大利的维苏威火山边，他被火山的奇观吸引，不顾火焰的刺眼夺目，观察着喷发的秘密。

在那不勒斯，歌德的水杯里漂着小昆虫，旁边的人劝他不要喝，他却一饮而尽，说：

“我喝下去的是虾和鳗。”

他又跑到海边，捉着海蜗，捞着海藻，好奇地研究着什么。

yǒu yí cì gē dé yǔ gōng jué yì qǐ zǒu shàng zhàn chǎng de shí hou tián yě lǐ
有一次，歌德与公爵一起走上战场的时候田野里
chōng mǎn le sī shā shēng rén men sì chù bēn táo tā què duì shēn páng yí wèi lǎo jūn
充满了厮杀声，人们四处奔逃。他却对身旁一位老军
guān de qiāng fā shēng le xìng qù tā duì jūn guān shuō
官的枪发生了兴趣，他对军官说：

nín néng bǎ qiāng gěi wǒ kàn kan ma wǒ xiǎng yán jiū yí xià tā de gòu
“您能把枪给我看看吗？我想研究一下它的构
zào
造。”

nǐ shuō shén me bǎ qiāng gěi nǐ kàn kan zhè kě shì zhàn chǎng bú shì kē
“你说什么？把枪给你看看？这可是战场，不是科
xué yuàn
学院！”

gē dé de liǎn yí xià zi hóng le xiū kuì de shuō
歌德的脸一下子红了，羞愧地说：

duì bu qǐ nǐ de jiào xun shì duì de
“对不起，你的教训是对的。”

cóng cǐ tā men chéng le hǎo péng you
从此，他们成了好朋友。

gē dé de nián jì suī rán yuè lái yuè dà dàn duì kē xué de zhuī qiú què yuè lái
歌德的年纪虽然越来越大，但对科学的追求却越来
yuè rè liè tā yán jiū sè cǎi huā le jǐ shí nián de xīn xuè dào wǎn nián liǎng dà juàn
越热烈。他研究色彩花了几十年的心血，到晚年两大卷
hòu hòu de yán sè xué zhù zuò cái wèn shì zhù zuò zhōng gē dé chǎn shù le zì
厚厚的《颜色学》著作才问世，著作中，歌德阐述了自
jǐ de fā xiàn
己的发现：

yǎn jing de cún zài yǒu lài yú guāng zhǐ yǒu guāng cái néng shǐ yǎn jing bǎi tuō
“眼睛的存在有赖于光。只有光才能使眼睛摆脱

nà zhǒng kě yǒu kě wú dì dòng wù de cì yào qì
那种可有可无的、动物的次要器
guān de dì wèi bù guǎn wù hé wū yún duō me
官的地位……不管雾和乌云多么
yǒu lì de bǎ guāng zhē yǎn qǐ lái guāng zǒng shì gān
有力地把光遮掩起来，光总是甘
xīn qíng yuàn de jūn héng de cóng tài yáng nà li
心情愿地、均衡地，从太阳那里
xiàng wǒ men bèng shè chū lái
向我们迸射出来……”

gē dé de yán sè xué duì zhè yì lǐng
歌德的《颜色学》对这一领
yù de yán jiū zuò chū le zhòng yào gòng xiàn
域的研究做出了重要贡献。

ér qiě gē dé hái yán jiū le dòng zhí wù
而且，歌德还研究了动植物
de biàn tài xué tā de yán jiū chéng guǒ shǐ tā
的变态学，他的研究成果，使他
zài zhè fāng miàn de fā xiàn zǎo yú dá ěr wén tí chū
在这方面的发现早于达尔文提出
de jìn huà lùn nián
的进化论70年。

10. 婚礼在19年后

歌德与平民女子克利斯蒂安结了婚，但他们的正式婚礼却在19年后才举行，这里有一段惊险的故事……

一天清晨，歌德家里来了一位容貌秀丽的姑娘，她低垂着羞涩的脸颊，用颤抖的声音对歌德说：

“我来您府上，是想请求您的帮助。我哥哥也是位作家，但他的作品发表得很艰难。他又没有工作，挣

不到钱，穷得连吃饭的钱都没有……我父亲是个档案管理员，可是他却死了……”姑娘哭了。

歌德端详着姑娘，她穿着朴素的棉布连衣裙，显得纯朴、美丽。歌德劝慰说：

“姑娘，你先别急，我答应帮你哥哥。请你别哭，好吗？”

姑娘止住了哭泣，她又对歌德说：

“我哥哥很倔犟，他是绝不会允许我求您的。请您不要让他知道，暗地里帮助他。这对于您，一个伟人为一个平民女子做这样的事，实在让我过意不去。我知道您帮助过许多穷苦的人，我因此敬重您，才冒昧来求您帮忙。”

歌德慈爱地望着姑娘，他被一种特殊的情感打动着。

不久，这位平民女子克利斯蒂安成了声名显赫的大作家歌德的妻子。但是，当时他们没有举行婚礼，他们的婚礼在19年之后才正式举行，这里还有一个惊险的故事呢。

1806年秋天，在普鲁士和法国的战争中，拿破仑率领的军队节节胜利，进逼中部德国。爆发在耶拿城

xià de zhàn zhēng gǎi biàn zhe shì jiè
下的战争改变着世界
lì shǐ de jìn chéng pǔ lǔ shì jūn
历史的进程，普鲁士军
duì bèi jī bài le wèi mǎ gōng
队被击败了。魏玛公
jué kǎ ěr ào gǔ sī tè rú
爵卡尔·奥古斯特，如
jīn yǐ chéng le pǔ lǔ shì de jiāng
今已成了普鲁士的将
jūn tā zài lóng lóng de pào shēng
军，他在隆隆的炮声
zhōng kuì táo le
中溃逃了。

wèi mǎ gōng tíng zhǐ yǒu zhí zhèng de gōng jué fū rén hé quán quán dà chén gē dé
魏玛宫廷只有执政的公爵夫人和全权大臣歌德。
ná pò lún fā shì yào xiāo miè gōng jué chéng mén shī huǒ yāng jí chí yú gē dé de
拿破仑发誓要消灭公爵，城门失火，殃及池鱼，歌德的
shēngmìng rú fù cháo zhī luǎn
生命如覆巢之卵。

gē dé jiē dào le ná pò lún rèn mìng de chéng fáng sī lìng sòng lái de yì fēng
歌德接到了拿破仑任命的城防司令送来的一封
xìn xìn zhōng duì gē dé shuō
信，信中对歌德说：

wǒ qǐng qiú gē dé xiān sheng bú
“我请求歌德先生不
yào gǎn dào bù ān gēn jù ná pò lún bì
要感到不安。根据拿破仑陛
xià de mìng lìng tóng shí chū yú duì wěi rén
下的命令，同时出于对伟人
de zūn jìng bì chéng fáng sī lìng jiāng cǎi
的尊敬，敝城防司令将采
qǔ zài wǒ quán lì fàn wéi nèi suǒ yǔn xǔ de
取在我权力范围内所允许的
yí qiè cuò shī bǎo zhèng gē dé xiān sheng
一切措施，保证歌德先生
hé nín quán jiā de ān quán
和您全家的安全。”

dàn ná pò lún de mìng lìng méi
但拿破仑的命令没
yǒu bèi wán quán zhí xíng
有被完全执行。

歌德家中，住进了城防司令和一位军官，骚扰却还是接连不断地发生。疲惫不堪的骑兵不时闯进门来，歌德的妻子克利斯蒂安吩咐仆人供应着这些骑兵的吃喝；城内的居民也纷纷挤进院子，要求歌德的保护。妻子不停地给他们分发食品和衣物，安排住处。

到了深夜，家里终于安静下来了。

突然，家门被枪托狠命地砸响了。仆人们刚打开门闩，两个手持步枪的法军士兵醉醺醺地闯了进来，大声嚷嚷着，说要见见歌德。

这时城防司令和那位军官来到院子里，他们想用武力驱赶两个士兵。

歌德穿着睡衣，镇静地从卧室走了出来。他向城防司令摆了摆手，严肃地问两个士兵：

“你们想见我，有事吗？”

“我们要与你这个大人物……一起干

一杯！”一个士兵醉醺醺地说。

“可以。”歌德吩咐仆人，给他们每人各斟了杯酒。两个士兵饮下了酒。

突然，他们将酒杯摔在地上，挥动着手中的马刀，向歌德逼过来，他们嚷着要杀了歌德。

在这千钧一发之际，城防司令与军官交换了一下眼色，准备从两边过去，一人制伏一个士兵。谁也没有想到，克利斯蒂安早已从两个士兵中间挤到了歌德前面，用自己的身体挡住了歌德，并不顾一切地用双手和头推撞着两个士兵。此刻，城防司令和军官上前，立即动手缴了两个醉兵的马刀和枪支。

危险过去了，歌德把克利斯蒂安紧紧地搂在怀里！

这一夜，歌德思绪万千，想了很多……

tiān liàng le, ná pò lún pài rén sòng lái yì zhāng bǎo hù lìng: yí dìng yào bǎo hù gē dé zhè ge wěi rén de shēng mìng ān quán.

天亮了，拿破仑派人送来一张保护令：一定要保护歌德这个伟人的生命安全。

zhàn yì jié shù le, gē dé gěi gōng jué xiě xìn:

战役结束了，歌德给公爵写信：

zhè xiē rì zi, yí gè hěn jiǔ yǐ lái yíng rào zài wǒ nǎo jì de xiǎng fǎ zhōng yú chéng shú le, wǒ yào zhèng zhòng xuān bù wǒ nà nián qīng de nǚ yǒu wéi wǒ de zhèng shì qī zi. tā wèi wǒ fèng xiàn chū le zì jǐ de yí qiè, zài zhè yán jùn de shí kè hé wǒ zài yì qǐ……

“这些日子，一个很久以来萦绕在我脑际的想法终于成熟了，我要郑重宣布我那年轻的女友为我的正式妻子。她为我奉献出了自己的一切，在这严峻的时刻和我在一起……”

gē dé mìng lìng rén zài tā gěi kè lì sī dì ān de jiè zhi shang, kè shàng le

歌德命令人在他给克利斯蒂安的戒指上，刻上了

他差一点儿就同这个国家一道死去的日子。

一周后的星期天，同居了19年的歌德与克利斯蒂安，在宫廷教堂里举行了婚礼，证婚人是他们15岁的儿子。

一家报纸头版头条发布新闻：

> 歌德在隆隆炮声中和自己的女管家结婚。

歌德立即向另一家报社寄去了自己的稿件：

> 我向您介绍我的妻子，她是我的终身伴侣。从她踏进我家门槛的时候，我就应该感谢她，她给我带来庇荫，带来幸福。

11. 歌德与席勒

席勒志高气盛，在文学上一心追赶着声誉卓著的歌德，但歌德一开始对席勒很冷淡。经过一番周折，两人却成了知音……

“弗里德里希·席勒！”

卡尔·奥古斯特公爵的目光扫过面前200多名符腾堡军校的优等生，他要给他们授奖。他低下头看了一眼

名单，名字没有念错，这个学生怎么还不见出来？他又严厉地大喊一声：

“弗里德里希·席勒！”没等话音落下，他已看见一个瘦高个的，面无半点惧色的年轻军官走出了队列。

席勒从公爵手中接过奖状，吻了公爵长袍的衣裾，回到了队列。他旁边的同学又用臂肘碰了他一下，刚才，就是这位同学将他从对歌德的凝视中唤醒的。

席勒又凝望着公爵身边的歌德，他在心里嘀咕着：

“我现在才20岁！等我像你那样到了30岁的时候，人们也会把桂冠戴在我的头上。你狂妄什么？等着瞧吧，我绝非等闲之辈。”

8年后，歌德遁逃到了意大利。魏玛的知名人士却聚在歌德的花园

别墅里，为歌德庆贺生日。

秋高气爽，8月的夜晚清凉宁静。席勒坐在桌前，端起葡萄酒杯，与大家共祝不在场的主人健康长寿。

一年多以后，39岁的歌德回到魏玛，他发现魏玛人的思想在受一个名叫席勒的年轻人驱使。宫廷剧院在上演席勒的剧本，刊物上在发表席勒尖锐评论自己的剧本《爱格蒙特》的文章。歌德感到自己的威望受到了极大威胁。

这年冬天，歌德与席勒近在咫尺，但歌德总是有礼貌地回避着席勒。歌德以文化大臣的权力，授予席勒耶拿大学历史学教授的称号，歌德只有这样才能使席勒离开魏玛。

xí lè lái dào gē dé de jiā liǎng rén dì yī cì miàn duì miàn
席勒来到歌德的家，两人第一次面对面
zhàn zài yì qǐ
站在一起。

xí lè de biǎo qíng yǔ gē dé yí yàng yīn yù qīng gāo
席勒的表情与歌德一样阴郁、清高。

wǒ shì lái xiàng nín dāng miàn zhì xiè de wǒ shì gè liú làng
“我是来向您当面致谢的。我是个流浪
hàn cóng wèi jiē shòu guò tóu xián hé zhí wù suì de rén le
汉，从未接受过头衔和职务，30岁的人了，
zhōng yú yǒu le yí gè shǔ yú zì jǐ de cháo wǒ zài yí cì xiàng nín
终于有了一个属于自己的巢，我再一次向您
biǎo shì zhēn zhì de xiè yì gào cí le
表示真挚的谢意。告辞了。”

gē dé mù rán de zhàn zài nà li tā méi yǒu liú xí lè yě
歌德木然地站在那里，他没有留席勒，也
méi yǒu sòng tā tā yǒu diǎn er xǐ huan shàng le zhè ge nián qīng rén dàn tā de jué dìng
没有送他。他有点儿喜欢上了这个年轻人，但他的决定
yǐ nán yǐ gǎi biàn
已难以改变。

席勒不仅是位诗人、剧作家、哲学家、批评家，他还是位杰出的外交家和编辑。他办了名为《季候女神》的杂志，吸引了许多知名作家和学者。但是，席勒的心愿还是没有了结，他以“无限尊敬歌德的团体”的名义，给歌德发出了邀请信。

歌德读着席勒给他的第一封信。8年的时光，席勒以锐不可当之势，像一匹黑马，追赶着歌德这位文坛大师。歌德已等了席勒很久，他奋笔疾书，给席勒回信道：

“我同意与你们这些如此值得尊敬的人们结成联盟。”

一个月后，歌德与席勒在耶拿的大自然爱好者协会上友好

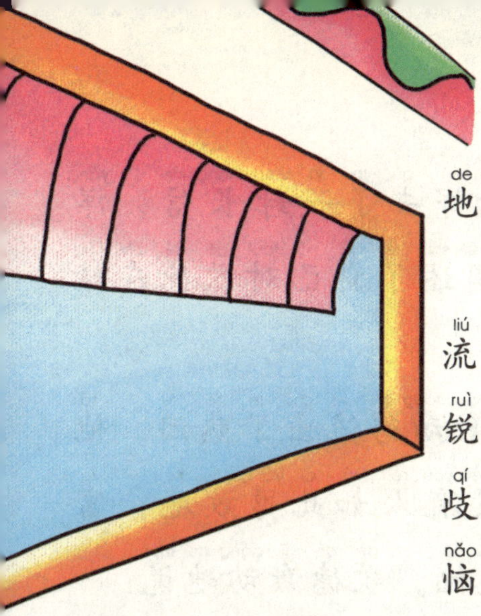

de jiàn miàn le
地见面了。

zhè cì huì miàn liǎng rén shēn rù guǎng fàn de jiāo
这次会面，两人深入广泛地交
liú le sī xiǎng tán de hěn tóu jī xí lè yòng jiān
流了思想，谈得很投机。席勒用尖
ruì de yǔ yán dào chū le liǎng rén zhī jiān de sī xiǎng fēn
锐的语言道出了两人之间的思想分
qí zhè jì shǐ gē dé jīng yà yòu lìng tā gǎn dào
歧，这既使歌德惊讶，又令他感到
nǎo huǒ dàn tā hái shi kè zhì zhù le zì jǐ bǎo
恼火。但他还是克制住了自己，保
chí zhe jūn zǐ fēng dù
持着君子风度。

gē dé huí dào wèi mǎ huí yì zhe yǔ xí lè de jiāo tán tā duì xí lè chǎn
歌德回到魏玛，回忆着与席勒的交谈，他对席勒产
shēng le jí dà de xìng qù
生了极大的兴趣。

tā gěi xí lè xiě qù le yì fēng rè qíng yáng yì de xìn xìn zhōng shuō
他给席勒写去了一封热情洋溢的信，信中说：
qǐng duì wǒ bǎo chí yǒu hǎo de huí yì bìng qǐng xiāng xìn rú guǒ yǒu kě néng hé nín zài
“请对我保持友好的回忆，并请相信，如果有可能和您再
cì jiāo liú sī xiǎng wǒ huì gǎn dào fēi cháng gāo xìng
次交流思想，我会感到非常高兴。”

xí lè zhōng yú jiē dào le wěi rén gē dé yǒu hǎo de lái xìn tā liǎn shang zhàn
席勒终于接到了伟人歌德友好的来信，他脸上绽

chū le cóng wèi yǒu guò de xiào róng tā gěi gē dé jì qù le yì fēng cháng xìn yáng
出了从未有过的笑容。他给歌德寄去了一封长信，洋
yáng sǎ sǎ jǐ wàn yán xìn zhōng tā xiáng xì de chǎn shù le zì jǐ duì gē dé zài jīng
洋洒洒几万言，信中他详细地阐述了自己对歌德在精
shén dào lù shang de tàn suǒ de dú dào kàn fǎ
神道路上的探索的独到看法。

gē dé yì kǒu qì dú wán xí lè de xìn jī dòng de liú chū le rè lèi tā
歌德一口气读完席勒的信，激动得流出了热泪。他
cóng méi yǒu shōu dào zhè yàng de xìn yě cóng lái méi yǒu rén rú cǐ yǒng gǎn de fù
从没有收到这样的信，也从来没有人如此勇敢地、富
yú dú chuàng xìng de tòu chè mǐn ruì de píng jià guò tā gē dé jī dòng de shuō
于独创性地、透彻敏锐地评价过他。歌德激动地说：

wǒ mì dào le zhī yīn mì dào le zhī yīn zhī yīn nán mì zhī jǐ nán
“我觅到了知音！觅到了知音！知音难觅，知己难
qiú zhǐ yǒu xí lè yí gè rén cái shì shēng lái jiù lǐ jiě wǒ de
求，只有席勒一个人才是生来就理解我的！”

yú shì gē dé gěi xí lè yòu xiě le yì fēng chōng mǎn rè qíng de xìn xìn
于是，歌德给席勒又写了一封充满热情的信，信
zhōng xī wàng zài bù jiǔ de jiāng lái liǎng rén néng zài jiàn miàn chàng xù yí qiè
中希望在不久的将来两人能再见面，畅叙一切……

xí lè jiē dào xìn hòu lì jí dēng shàng le qù wèi mǎ de xíng chéng
席勒接到信后，立即登上了去魏玛的行程。

xí lè yí jìn kè tīng gē dé jiù yǔ tā jǐn jǐn de yōng bào zài yì qǐ cóng
席勒一进客厅，歌德就与他紧紧地拥抱在一起。从

此，两位伟人在《季候女神》杂志上的合作开始了！

歌德与席勒相知相惜，他们的友谊使他们的创作结出了丰硕的果实。

歌德对席勒的关心是全身心的，他使席勒从哲学的羁绊下解脱出来，使他写出了六个成就辉煌的剧本和大量叙事诗。歌德与席勒一起写作叙事诗，他们合作的那个年头，被人们称为“叙事诗年”。

歌德在与席勒的交往中，写出了一部具有重

大意义的作品《赫尔曼与窦绿苔》，又脱稿了《威廉·麦斯特的学习时代》，以及《浮士德》第一部。

1805年的5月，歌德患了肾炎，发了一个月的高烧。他的妻子、公爵、夏绿蒂等人守在身边。他不停地吟咏着诗，突然惊呼：

“我的眼前为什么漆黑一团，我怎么什么都看不见？”

人们慌了，宫廷医生忙成一团。

三个小时后，歌德的视力才有所恢复。他凝视着身边的人，发现席勒不在。

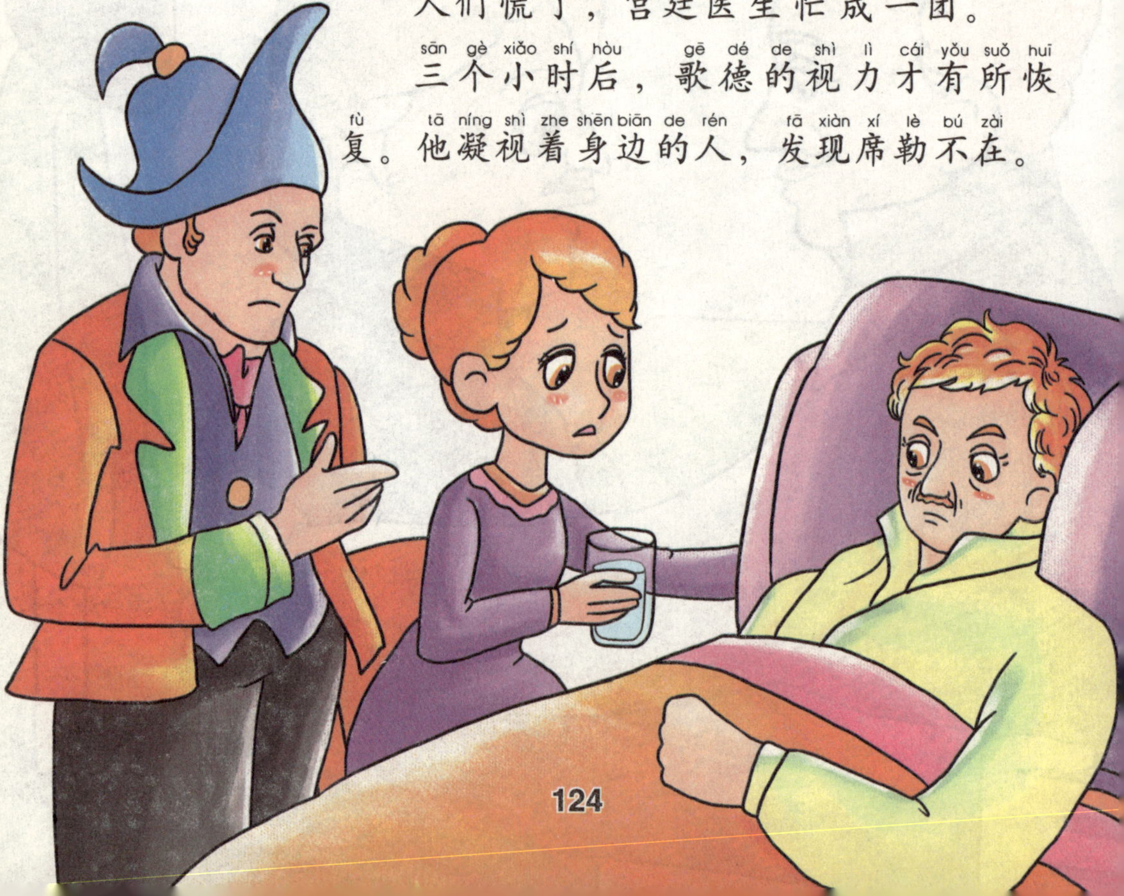

"席勒怎么没来？席勒呢？"歌德问。

大家没有做声，席勒病得很重，但没有人敢把这个事实告诉他。

歌德的病渐渐好了，席勒的病却日渐恶化，席勒得的是当时无法医治的结核病。

当歌德刚刚能下床的时候，他得知了席勒的病情，不顾一切地去探望席勒。

席勒看到歌德泪流满面地坐在床前，他握住歌德的手，平静地说：

"我的器官已经从根本上受到损坏，我也许……"

"也许，我们的身体都快康复了。我

kàn dào le wǒ men xíng yǐng bù lí de měi hǎo shí guāng
看到了我们形影不离的美好时光。”

liǎng xīng qī hòu xí lè jìng jīng rén de zuò le qǐ lái tā duì gē dé shuō
两星期后，席勒竟惊人地坐了起来，他对歌德说：

wǒ dǎ suàn qù kàn wǒ men de xì jù
“我打算去看我们的戏剧。”

tài hǎo le wǒ zhè jiù fú nǐ yí dào qù gē dé xīng fèn de shuō
“太好了，我这就扶你一道去。”歌德兴奋地说。

kàn wán xì gē dé de bìng yòu fàn le jǐ tiān hòu bìng qíng hǎo zhuǎn gē
看完戏，歌德的病又犯了。几天后，病情好转，歌

dé zì yán zì yǔ de shuō
德自言自语地说：

xí lè shuō fēng tíng le jiù lái kàn wǒ de xiàn zài wài miàn fēng tíng le tā
“席勒说风停了就来看我的。现在外面风停了，他

为什么没有来？”

突然，他听见旁边的妻子呜咽起来。

歌德紧张地不再说话。突然他大声问道：

“席勒他死了吗？告诉我！”

妻子在一旁劝慰他：

“你要保重！大家都为你的身体担心。席勒的葬礼已经结束了。”

歌德顿时痛哭流涕，他哭诉着：

“我原以为自己完了，席勒！可先走的却是年轻的朋友。席勒死了，我生命的一半也失去了……”

歌德80岁时，参加了席勒的殓尸仪式。他设计了席勒墓穴旁的一座小教堂。歌德决定，自己死后要与席勒一起安息在这里。

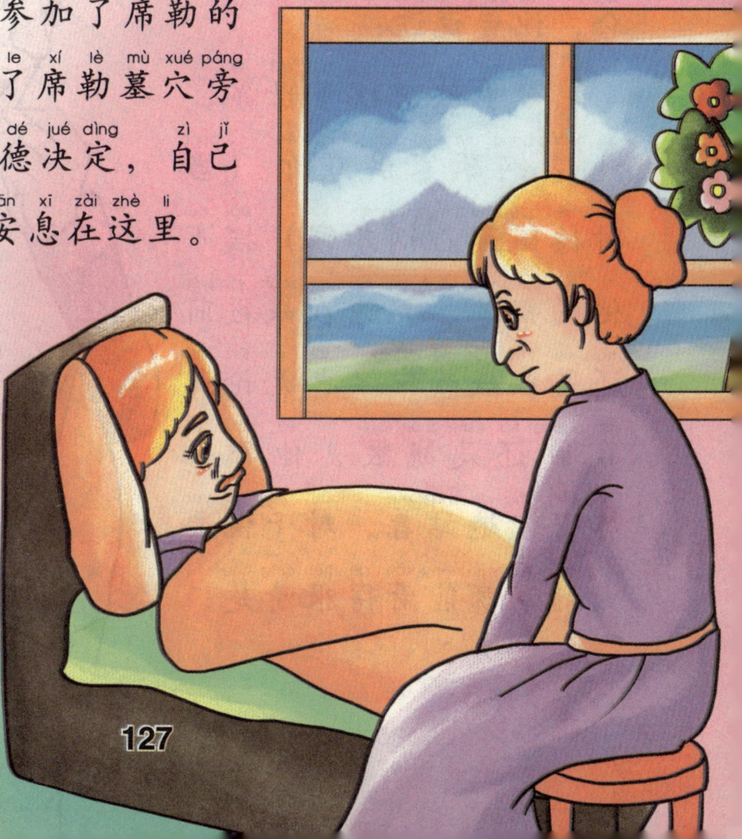

12.谒见拿破仑

歌德很赞赏拿破仑的能力。拿破仑与歌德在德国的埃尔富特有过一席长谈。但歌德又很反对拿破仑的扩张和侵略。

在歌德的一生中，他所见到的名声显赫之辈，可说多得不胜枚举，但印象最深的首推拿破仑。

歌德非常敬慕拿破仑，他曾说过：

“拿破仑摆布世界，就像钢琴家洪默尔（当时德国著名钢琴家）摆布他的钢琴。无论在战役前还是在战役中，也无论是战胜还是战败，他都一样坚定地站着，对于他要做的事既能看得很清楚，

又能当机立断……”

拿破仑这位战争天才，也十分仰慕歌德。在1806年的耶拿战役中，拿破仑途经魏玛，他很想会见歌德，但因战事繁忙，未能如愿。那时，歌德差一点在法国醉酒士兵的马刀下丧命。

两年以后，拿破仑在进军西班牙之前，来到了魏玛附近的埃尔富特市，他要与沙皇亚历山大在这里缔结盟约。魏玛公爵卡尔·奥古斯特是沙皇的妹夫，拿破仑与沙皇结盟后，魏玛因此可以在拿破仑的进军中安然无恙。卡尔·奥古斯特公爵陪同大舅子俄国沙皇去了埃尔富特。

几天后，公爵请歌德到埃尔富特，歌德正是在这里见到了拿破仑。

这天，歌德先见到了曾投宿在他家的城防司令，城防司令亲热地拥抱着歌德，说：

“伟人哪！那一天您差一点就被我们醉酒的士兵误伤了，真是对不起。”城防司令又把几位法国将军介绍给歌德。

拿破仑的外交大臣与歌德相遇了，他们把手向对方伸了过去。

“久闻大名，今天特来转达皇帝的邀请。”外交大臣说。

“要我去谒见皇帝吗？”歌德问。

外交大臣笑了：“马上。皇帝想见您，早已迫不及待了。”

歌德跟着外交大臣，走进了拿破仑设在埃尔富特的临时寓所。

ná pò lún zuò zài yì zhāng tè dà de shū zhuō qián zuǒ bian zhàn zhe fǎ guó zuò
拿破仑坐在一张特大的书桌前，左边站着法国作
jiā zhèng zhì huó dong jiā dé lǜ gē dé zǎo jiù rèn shi wài jiāo dà chén zǒu jìn ná
家、政治活动家德律，歌德早就认识。外交大臣走近拿
pò lún ěr yǔ le jǐ jù jiù zhàn dào le ná pò lún yòu bian ná pò lún yòng shǒu shì
破仑，耳语了几句就站到了拿破仑右边。拿破仑用手示
yì gē dé jìn qián lái gē dé hái shi zài shì dàng de jù lí tíng zhù le jiǎo bù
意歌德近前来，歌德还是在适当的距离停住了脚步。

ná pò lún duān xiang zhe gē dé wèn nín duō dà suì shu
拿破仑端详着歌德，问：“您多大岁数？”

gē dé huí dá
歌德回答：“60。”

ná pò lún zuǒ yòu kàn kan xiào zhe shuō
拿破仑左右看看，笑着说：

nín bǐ wǒ dà suì kàn shàng qù què bǐ wǒ nián qīng de duō zhè shì
“您比我大20岁，看上去却比我年轻得多，这是
qiān zhēn wàn què de
千真万确的。”

shì a dé lǜ huì shēng huì sè de shuō bì xià nín qiáo gē dé
“是啊！”德律绘声绘色地说：“陛下，您瞧歌德
nà zhū bì tè gǔ luó mǎ shén huà zhòng de shén shì de qián é bí zi yǎn
那朱庇特（古罗马神话中的神）式的前额、鼻子、眼
jing zhěng gè rén kàn qǐ lái zhuāng zhòng piào liang yòu qì yǔ xuān áng
睛，整个人看起来庄重漂亮又气宇轩昂。”

拿破仑大笑起来，“歌德先生，您的举止真得很优雅，不同凡响，不愧为德国第一剧作家。”

歌德弯了一下身子，表示异议地说：“皇帝陛下，您过奖了。莱茵河是母亲的河，是蕴育天才的摇篮。德国的两位大家您应当知道。戏剧理论家、悲剧作家莱辛，写过戏剧理论著作《汉堡剧评》；年轻的席勒……他的戏剧《强盗》和《阴谋与爱情》，在‘狂飙运动’中引起过震撼……”

拿破仑打断了歌德的话：“我读过席勒的《三十年战争史》，他的风格我不喜欢。当然，席勒的其他作品我没有读过。”

德律告诉拿破仑说：“德国文学的最高成就是歌

德，他的《葛兹》是德国第一部现实主义历史剧，他的书信体小说《维特》轰动了全世界。歌德还翻译了伏尔泰（法国著名思想家）的剧本《穆罕默德》。”

“对，马上问问，可不可以上演这部戏剧。”拿破仑兴致很高，但又很失望地说，“可是，剧本太不好。”

歌德笑着批评拿破仑说：

“您是征服世界的人，对自己国家的名人名作给予的评价，影响是很大的呀！”

拿破仑思索着，点了点头，他又说：

“您的《维特》我却一直带在身边，一共读了七遍。但是，我不喜欢您小说的结尾，维特的自杀是出于他的虚荣心，这一点与维特的性格不符合，您为什么要这样写呢？”

歌德朗声大笑，说：

“皇帝陛下，还从未有人像您这样详细地提出过这个意见。我承认小说的结尾也许与事实有矛盾，我只想采用特定的艺术手法，达到一般手法产生不了的效

果。”

拿破仑对歌德的辩解满意地点了点头。接着，拿破仑对歌德谈起了关于悲剧的创作，他说：

“悲剧对于君主们和各民族，应当是一种教育。这才是作家的才能所能达到的最伟大的目的。您应该写恺撒（古罗马暴君）之死，把他塑造成一个最可尊敬的形象，比起伏尔泰创造的形象来，具有更大的权威性。”

拿破仑一边说着，一边站了起来，走向阳台。

外交大臣、德律、歌德都跟随到了阳台。

拿破仑眺望着远方，很久，他和蔼地问歌德：

“您结婚了吗？有儿子吗？”

“结婚了，有一个儿子。”歌德对着拿破仑的背影回答。

拿破仑缄默着，然后长叹一声，说：

“我却还没有儿子。”

一阵沉默之后，拿

破仑目视远方，对歌德说：

“我请求您去巴黎吧！来施展您的雄才大略。”

歌德回答说：

“陛下，我是一个默默无闻的人，您会后悔做这件事的。”

拿破仑激动地说：

“您是真正的人。”

歌德这时向外交大臣递了个眼色，意思是我是否可以告退了。外交大臣点了点头，歌德悄然退了出去……

歌德对拿破仑的赞赏是发自内心的，它既不是人云亦云的附和，也不是对权势与暴力的畏惧。歌德所赞赏的，是拿破仑身上那种支配人生的最基本的东西：行动。在这一点上，诗人歌德与拿破仑是达到了统一的。

但是，歌德对拿破仑的肆意扩张、穷兵黩武是持批判态度的，他对战争与动荡的厌恶，甚于对拿

pò lún de xǐ ài gē dé zài ná pò lún bīng bài yǐ hòu bèi liú fàng yú shèng hè
破仑的喜爱。歌德在拿破仑兵败以后，被流放于圣赫
lè ná dǎo shí céng zuò shī dào
勒拿岛时，曾作诗道：

gǎn xiè cāng tiān wǒ men zhōng yú rú yuàn yǐ cháng
感谢苍天，我们终于如愿以偿！
shèng hè lè ná dǎo shang qiú jìn le nà ge bào nüè de jūn wáng
圣赫勒拿岛上囚禁了那个暴虐的君王！
dàn zhǐ bú guò bǎ qí zhōng yí gè qiú jìn
但只不过把其中一个囚禁，
wǒ men xiàn zài yǒu le chéng bǎi gè bào jūn
我们现在有了成百个暴君！

13.晚年完成《浮士德》

歌德用了毕生精力完成《浮士德》的创作，在此期间，他受到过英国诗人拜伦的启发，《浮士德》使歌德成为世界文学的巨人。

歌德创作的《浮士德》不仅是德国文学史上一座后人难以超越的丰碑，也是世界文学中的瑰宝，足以与荷马的史诗、但丁的《神曲》、莎士比亚的戏剧并称为世界文学中最伟大的作品。

浮士德原来是15～16世纪德国的一位炼金术师，会占卜、算命、变魔术，在一次炼金试验的爆炸事故中丧生。据说他是跟恶魔订约，才落得如此悲惨的下场。浮士德死后成为民间传说中的一个

人物，许许多多真假难辨、虚实难分的传闻都加到了他身上。歌德的浮士德利用了长期流传的传说作为诗剧的情节主干，但“旧瓶装新酒”，做了很大的改动。

《浮士德》一书的创作，贯穿了歌德漫长的一生。1775年，狂飙突进时期的歌德完成了《浮士德》的初稿。经历18年的风风雨雨，到了1793年，歌德创作完成了《浮士德》第二稿《浮士德，一个片断》。从1794年到1805年，在与席勒合作的10年里，热情澎湃的歌德在《浮士德》初稿和第二稿的基础上写成《浮士德》第一部。

1805年，席勒逝世，歌德失去一个朋友，失掉了自己“生命的一

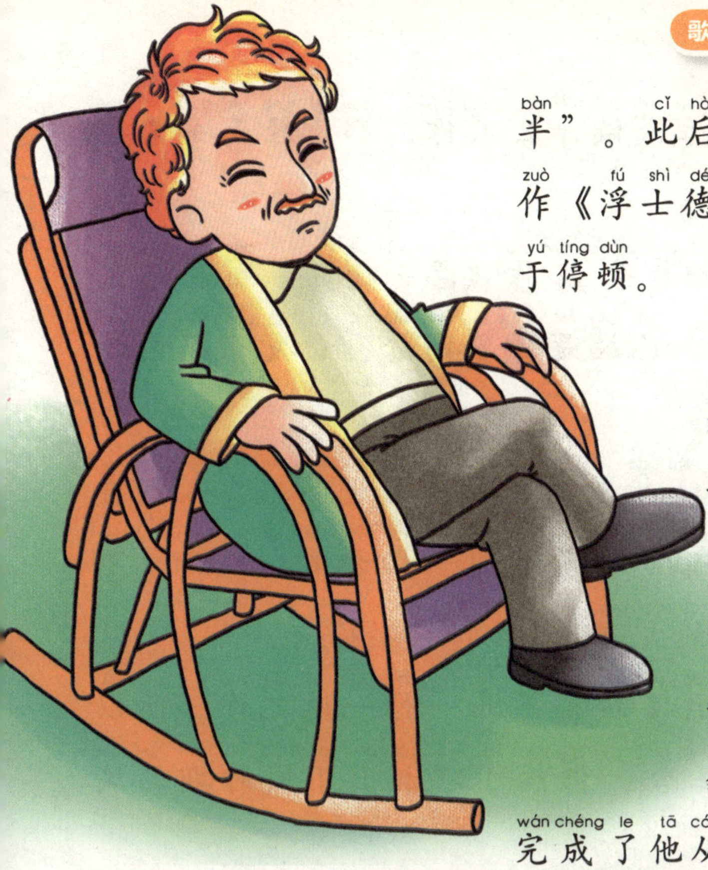

bàn cǐ hòu nián lǐ shī rén chuàng
半”。此后20年里，诗人创
zuò fú shì dé dì èr bù de jì huà xiàn
作《浮士德》第二部的计划陷
yú tíng dùn
于停顿。

cóng nián yuè
从1825年2月
qǐ wú guān yì shēn qīng de
起，无官一身轻的
gē dé chóng xīn shí qǐ le
歌德重新拾起了
bǐ kāi shǐ chuàng zuò fú
笔，开始创作《浮
shì dé dì èr bù bā
士德》第二部。八
nián hòu tā yǐ jīng rén de
年后，他以惊人的
yì lì hé jiān rèn de qín fèn
毅力和坚韧的勤奋
wán chéng le tā cóng qīng nián shí qī kāi shǐ chuàng
完成了他从青年时期开始创
zuò de jù zhù fú shì dé
作的巨著—《浮士德》。

nián fú shì dé de chuàng zuò gōng zuò jìn rù wěi shēng dàn hái
1831年，《浮士德》的创作工作进入尾声，但还
méi lái de jí téng qīng yuán gǎo tǐ lì tòu zhī de gē dé bìng dǎo le tā tǎng zài
没来得及誊清原稿、体力透支的歌德病倒了。他躺在
chuángshang kěn qiú yī shēng shuō
床上，恳求医生说：

qǐng nín bāng zhù wǒ yí dìng yào zài ràng wǒ jiān chí yí huì er
“请您帮助我，一定要再让我坚持一会儿。”

zài yī shēng de jīng xīn zhào liào xià gē dé de shēn tǐ huī fù le jiàn kāng
在医生的精心照料下，歌德的身体恢复了健康。
tā zhōng yú wán chéng le quán bù de chuàng zuò cǐ shí gē dé tǎng zài téng yǐ
他终于完成了全部的创作。此时，歌德躺在藤椅
shang shēn xīn yáng yì zhe bié ren wú fǎ tǐ yàn de mǎn zú yǔ kuài lè tā duì mì shū
上，身心洋溢着别人无法体验的满足与快乐。他对秘书
shuō
说：

wǒ jīn hòu de rì zi dōu kě yǐ kàn chéng shì shàng dì gé wài de ēn cì
“我今后的日子都可以看成是上帝格外的恩赐

了，我是否还能工作或做什么工作，都已经无关紧要了。”

歌德从25岁开始着手创作《浮士德》，到最终完成这部不朽的杰作，已经是82岁高龄、白发苍苍的老人了。

诗人创作《浮士德》的目的，是说明只要人们肯努力实践，敢于争取，就会克服一切矛盾和困难，不断前进，走向光明的大道。

《浮士德》的许多段、篇非一时一地之作，所以完成后虽经歌德整合，仍然可以看出不同时期的风格。《浮士德》第一部共24场，主要写浮士德在“小世界”即市民社会的活动，风格单纯流畅，第二部共27场，主要写浮士德在“大世界”即政治社会的活动，风格变化多端。

在第一部里，

魔鬼墨菲斯托本是上帝的仆人，却跟上帝对抗。他跟上帝打赌，认为自己能够引诱浮士德堕落，把他的灵魂劫往地狱。上帝认为人在奋斗时，虽然难免会陷入迷途，但善人最后总会意识到正确的道路。上帝知道不管恶魔怎样诱惑，浮士德最后总会得到拯救。因此上帝同意把浮士德交给魔鬼，听他安排。

浮士德博士对书斋生活产生了厌倦，魔鬼墨菲斯托乘虚而入，跟浮士德订约，做他的奴仆，为他服务，条件是到了来世，浮士德也要同样为他服务。浮士德认为世间的一切都不能令他满足，因此对魔鬼说：“我如有一天悠然躺在睡椅上面，那时我就立

刻完蛋！你能用甜言哄骗住我，使我感到怡然自得，那就算我的末日！”他和魔鬼约定，如果哪一天魔鬼的服务使他满足得不再想索取，他的灵魂就是魔鬼的了。

魔鬼引着浮士德云游四方。浮士德占有了市民少女格雷辛，与她发生了恋情。魔鬼从中作祟，结果格雷辛用安眠药毒死母亲，溺死私生女，被捕入狱。浮士德闻讯后，前往搭救情人，遭到拒绝，格雷辛被杀，浮士德陷入极度的痛苦和绝望。

在《浮士德》第二部的开始，天使的歌声治愈了浮士德的痛楚，大自然的怀抱让他找回了往日的活力和激情，他又开始了新的追求。

他来到罗马帝国的宫廷，见到了海伦。

在魔鬼的帮助下，浮士德拐走了海伦。两人婚后生了一个儿子。这个孩子是个早熟的天才，他洋溢着生命的活力，不断向天空飞翔，结果不幸坠落在父母的脚边摔死。海伦看到儿子的死亡，也追随儿子潜于地下。她的形骸消失，唯有衣服和面纱留在浮士德手中。

浮士德回到人间，立于高山之巅，俯瞰海滨潮汐，顿生宏愿。他要在沿海一带荒凉不毛的沼泽地上，开垦出新的土地，为人民建立新的理想之邦。

在靡非斯特的帮助下，浮士德获得沿海的大片土地。浮士德填海围垦，准备开发这一片土地，但这里却住着一对年老的夫妇，不肯拆迁。

浮士德因此闷闷不乐。靡非斯特决定采用强制手段，他带着三个勇士前往海边，强行驱逐那对老夫妇。老夫妇被吓死，海边的游人也被魔鬼打死，一片凄凉。浮士德目睹此情此景，深受良心的责备，被忧愁弄瞎了双眼。

浮士德已距死不远，靡非斯特命令手下的鬼怪们给他掘墓。但那些铲锹的声音，在目盲的浮士德听来，却像建设新土地、挖土开河的声音。他还梦想着建立一个理想的社会，他仿佛看到了这一理想的实现，在憧憬中不禁脱口而出：“停一停吧，你真美丽！”说完就倒下了。

按照约定，一旦他对

生活感到满足，说出这样的话，他的灵魂就属于魔鬼了。但浮士德说这句话的那一瞬间，并不是魔鬼用享乐将他迷住的瞬间，而是他实现为民造福理想的瞬间。所以，靡非斯特虽然看到浮士德的肉体毁灭，却不能占有他的灵魂。最后天使下凡，浮士德的灵魂被引入天堂，上帝又一次战胜了魔鬼。

在浮士德这个人物身上，体现了一种热爱生活、热爱世界、不畏艰难险阻，永不止息地探索和奋斗的精神，这种精神被人们称之为“浮士德”精神。

《浮士德》是德意志民族文学的高峰，也是世界文学宝库中一颗永远璀璨夺目的明珠。

14.“让所有的光进来！”

歌德在晚年谆谆教导他的两个孙子。他谦逊地说，自己的成就要归于千千万万的普通人。1832年3月20日，歌德与世长辞。

歌德的82岁生日到了。那一天，他的两个孙子伏尔夫和瓦尔德尔陪伴着他，去祭扫了席勒的墓地。他还想去一处青年时代曾去过、在那儿吟过诗的地方。

黄昏时分，歌德走进树林，凝视着如火的夕阳，俯瞰着静谧的树林，陷入了久久的沉思之中……

接着，歌德转过身来，看着去世的儿子留下的两个小孙子，眼中充满了慈爱。他对他们说：

“世界上一切有生命的东西都在不断地延续，你们就是歌德家族的延续。伏尔夫，你创作的悲剧和喜剧还很不成熟，你要博览群书、刻苦勤奋。瓦尔德尔，你既然喜欢弹钢琴，那么就要下苦功，要努力演奏得像贝多芬一样。”

歌德的两个孙子异口同声地回答：“是，爷爷。”他们从内心深处敬仰祖父——他的形象是那样高大，一副帝王气派，学识又是那样渊博。

“在民族和历史的经验中，我勉强学会了伟大的技能……大家始终认为我是幸福的宠儿。”歌德又转过身来，对两个孙子说，“其实，我的一切也是通过劳动和工作获得的。在我的人生中，我从未享受过哪怕一个月的闲适日子。”

他又说：“我不停地把石头推上山去，它滚落下来，我不得不又一次搬上山去。这就是爷爷的精神，这就是歌德家族的精神！”

sūn zi men zhuān zhù de tīng zhe yé ye de yǒu xiē huà tā
孙子们专注地听着，爷爷的有些话他
men hái bú tài míng bai dàn shì tā men de xīn li
们还不太明白，但是，他们的心里
yǎng mù zhe yé ye
仰慕着爷爷。

gē dé pāi zhe fú ěr fū de jiān
歌德拍着伏尔夫的肩
tóu yǔ zhòng xīn cháng de shuō
头，语重心长地说：

rú guǒ wǒ jù yǒu kàn
“如果我具有看
de jiàn hé tīng de qīng zhōu wéi shì
得见和听得清周围世
jiè de yí qiè rán hòu zài chuán
界的一切，然后再传
dá gěi bié ren de tiān cái de huà
达给别人的天才的话，
nà me wǒ de zuò pǐn yīng gāi bù jǐn jǐn yào
那么，我的作品应该不仅仅要
guī gōng yú zì jǐ hái yào guī gōng yú chéng qiān shàng wàn de
归功于自己，还要归功于成千上万的
rén men shì tā men gěi le wǒ chuàng zuò de sù cái zài tā
人们，是他们给了我创作的素材。在他
men dāng zhōng yǒu tóu nǎo qīng xǐng de rén yě yǒu hú tu de
们当中，有头脑清醒的人，也有糊涂的
rén yǒu hái zi qīng nián hái yǒu zhǎng zhě shì tā men
人，有孩子、青年，还有长者。是他们
bǎ zì jǐ de zhì huì gào sù wǒ ér wǒ zhǐ bú guò shì
把自己的智慧告诉我，而我，只不过是
xī qǔ zhè xiē zhì huì zhǐ bú guò shì shōu gē le tā rén
吸取这些智慧，只不过是收割了他人
wèi wǒ zhòng de zhuāng jia ér yǐ
为我种的庄稼而已。”

伏尔夫凝着眉头，望着爷爷：

“爷爷，您的话我懂了，我们一定不辜负您的期望。”

“是的，您的话我们会牢记在心。”瓦尔德尔也说。

“这才是歌德的子孙！”歌德兴奋地说，他忽然想起了已故的儿子，老泪纵横……

回到家中，歌德又专注地整理着一本《歌德与席勒通信集》和一本科学论著。

一位魏玛宫廷画家要求为歌德画像。仆人传达歌德的命令：谢客。这位画家请求歌德的儿媳妇帮忙说情。

歌德的儿媳妇为难地说：

“我只能试试看。”

她小心地敲着歌德书房的门，边敲边小声说：

“爸爸，画家已在门外等了多时，他执意要见您一面。……否则，他说他将永远站在大门外。”

歌德打开了书房的门，对儿媳妇说：

“让他进来吧！时间对于我来说已经不多了。”

第二天，歌德看着画家交给他的那张凭昨天的印象画的肖像赞不绝口。他再次配合画家为他画像，他要把这样的画像传给后人。

春天来了，83岁的歌德思念起自己住过的花园别墅，他想去那儿住几天。两个孙子陪伴着他，去了那里。

凌晨，当星斗还布满天空的时候，歌德习惯性地醒了过来。他起身漫步在花园里，在一棵高大的树下，凝望着苍穹

中最亮的那颗星星。

歌德这天清晨着凉了，觉得浑身不适。他在孙子的陪伴下，回到了家中。

1832年3月20日，歌德家的大门对外人关上了。

歌德躺在床上，目光中充满了不安。他感到胸部疼痛难忍，呻吟起来。

“爸爸。”儿媳妇在旁呼唤着。

两个孙子也在叫着：“爷爷，爷爷。”

歌德进入了梦乡，他似乎回到了家乡法兰克福……他见到了外祖父、祖母……祖母还在给他和妹妹放着木偶戏的幻灯……母亲在给他们兄妹俩讲故事……他和妹妹在一起演戏，两人的举止使父亲很恼怒……

清晨，歌德从睡梦中醒了过来，他睁开忧郁的眼

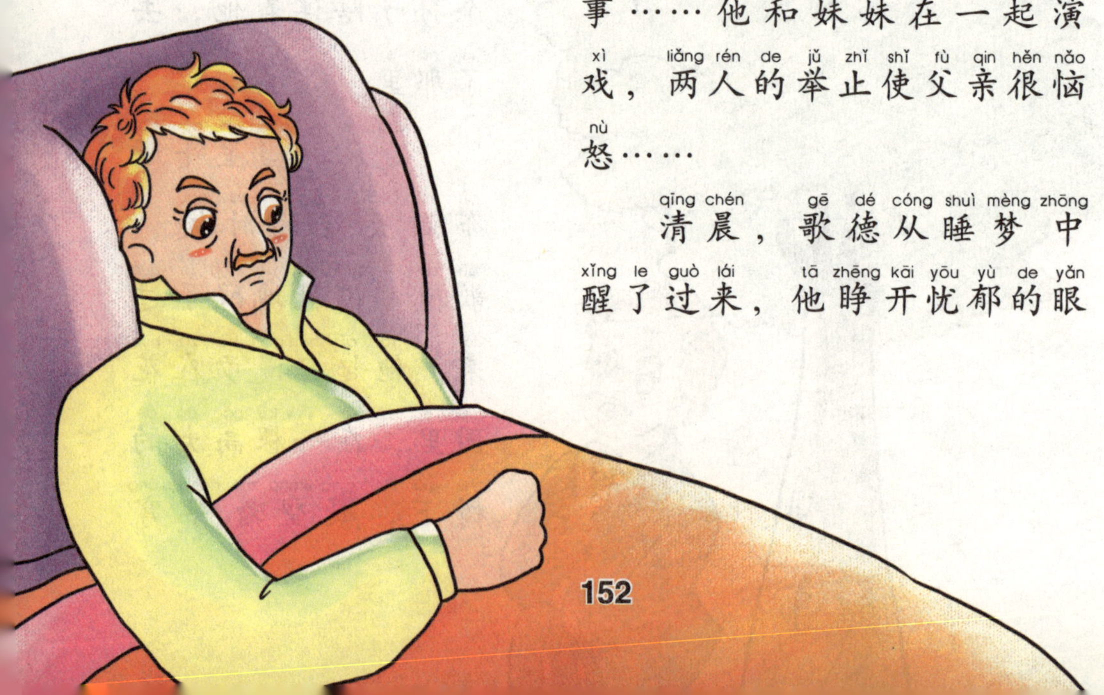

jing huán shì le yí xià shū fáng dà
睛，环视了一下书房，大
shēng de shuō
声地说：

kuài dǎ kāi bǎi yè chuāng ràng
“快打开百叶窗，让
suǒ yǒu de guāng dōu jìn lái
所有的光都进来！”

sūn er fú ěr fū tì yé ye dǎ
孙儿伏尔夫替爷爷打
kāi le bǎi yè chuāng tā hé wǎ ěr dé
开了百叶窗，他和瓦尔德
ěr fú zhe yé ye zuò le qǐ lái
尔扶着爷爷坐了起来。

gē dé wàng zhe chuāng hu wài miàn
歌德望着窗户外面，
chōng mǎn jī qíng de shuō
充满激情地说：

yòu yí gè lí míng yòu yíng
“又一个黎明，又迎
lái nà lún pēn bó de zhāo yáng zhè ge
来那轮喷薄的朝阳。这个
shí kè duō me de qiè yì a
时刻，多么的惬意啊！”

tā wèn
他问：

jīn tiān shì jǐ yuè jǐ rì
“今天是几月几日？”

yuè rì yé ye wǎ ěr dé ěr huí dá
“3月20日，爷爷。”瓦尔德尔回答。

a chūn yì àng rán de rì zi yòu dào lái le gē dé xīng fèn de
“啊！春意盎然的日子又到来了！”歌德兴奋地
shuō
说。

gē dé yòu jìn rù le shuì mián tā zài shuì mèng zhōng shuō dào
歌德又进入了睡眠，他在睡梦中说道：

xí lè shuō rú guǒ míng tiān fēng tíng le tā jiù huì gǔ qǐ yǒng qì lái kàn
“席勒说，如果明天风停了，他就会鼓起勇气来看
wǒ de
我的……”

shàng wǔ diǎn zhōng gē dé duì sūn zi men shuō
上午10点钟，歌德对孙子们说：

"给爷爷斟一杯红酒！"

伏尔夫把红酒斟满，递到了爷爷床前。

歌德把红酒一饮而尽。

歌德又睡了。他从此再没有睁开那炯炯有神的眼睛，再也没有说话。但是，他的诗心仍在飞翔，他把写了一辈子诗歌、写完了巨著《浮士德》的右手举了起来。他在床上写着，画着，似乎要把心中最后的一句诗写出来……

zhōng wǔ shí de zhōng shēng qiāo xiǎng
中午12时的钟声敲响

le wěi dà shī rén gē dé tíng zhǐ le hū
了，伟大诗人歌德停止了呼

xī hé xīn tiào
吸和心跳。

tā hǎo xiàng huí dào le hǎo péng you xí
他好像回到了好朋友席

lè de shēn biān tā xiàng lǎo yǒu shēn chū le
勒的身边，他向老友伸出了

shǒu gāo hǎn yì shēng
手，高喊一声：

kuà guò sǐ wáng qián jìn
“跨过死亡，前进！”

tā xiàng shì fēi xiàng le tiān táng jiàn
他像是飞向了天堂，见

dào le tā chuàng zào de bù xiǔ rén wù fú shì
到了他创造的不朽人物浮士

dé tā men xiàng yí duì qīn xiōng dì
德……他们像一对亲兄弟，

wò zhe bǐ cǐ de shǒu zài tiān shàng lǎng shēng
握着彼此的手，在天上朗声

dà xiào
大笑……